屏幕时代的养育

9堂课让孩子不再沉迷电子产品

邢子凯　邹艳侠　著

中国纺织出版社有限公司

内 容 提 要

当今社会,"屏幕时代"产生的教育焦虑成为很多家长关心的课题。如何利用好手机、平板电脑,让我们和孩子成为屏幕的主人呢？本书融合作者近十年的办学经验,并结合近千个实际案例,介绍了屏幕时代下如何培养孩子的专注力、社交力、学习力,如何帮孩子建立"屏幕时代"下的安全意识,如何培养孩子的习惯以及如何在"屏幕时代"处理隔代养育关系等内容,旨在帮助孩子和家长更好地适应"屏幕时代"的学习和生活。

图书在版编目（CIP）数据

屏幕时代的养育：9堂课让孩子不再沉迷电子产品 / 邢子凯，邹艳侠著．－－北京：中国纺织出版社有限公司，2024.5

ISBN 978-7-5229-1372-8

Ⅰ．①屏… Ⅱ．①邢… ②邹… Ⅲ．①家庭教育－亲子关系 Ⅳ．① G78

中国国家版本馆 CIP 数据核字（2024）第 018319 号

责任编辑：刘 丹　　责任校对：寇晨晨　　责任印制：储志伟

中国纺织出版社有限公司出版发行
地址：北京市朝阳区百子湾东里A407号楼　邮政编码：100124
销售电话：010—67004422　传真：010—87155801
http://www.c-textilep.com
中国纺织出版社天猫旗舰店
官方微博 http://weibo.com/2119887771
天津千鹤文化传播有限公司印刷　各地新华书店经销
2024年5月第1版第1次印刷
开本：880×1230　1/32　印张：9
字数：183千字　定价：58.00元

凡购本书，如有缺页、倒页、脱页，由本社图书营销中心调换

自序

为什么要写这样一本书呢?还要从我看到的一个孩子说起。

在一次校友活动上,一个孩子一直在低头玩手机,对妈妈说的任何话都没有反应,直到妈妈将手机从他手中拿走的那一刻,他爆发了!他开始捶打妈妈,大声哭喊、躺在地上打滚、把自己握紧的拳头使劲地塞进嘴里。在这个六七岁男孩的脸上我看到了深深的绝望和痛苦,我的心仿佛也随着他眼角飙出的泪水攥紧了。

从什么时候开始我们被手机控制了时间,牵制住了情绪呢?孩子沉迷于看动画片、玩游戏,同学间只要在一起就玩手机,一个月视力就能下降100度。马路上、商场里一群10来岁的孩子围在一起,说着从手机里学来的网络用语,"芭比Q了""恐龙抗浪""我信你个鬼,你这个糟老头子"。听到这些,内心五味杂陈。我心惊地发现这一定不是他们的爸爸妈妈教的,是手机里的内容!更令人心惊的是,家长们在喊着不让孩子看手机、责骂孩子打游戏的同时,自己手里拿着、眼里看着的又是什么呢?地铁里、公交车上、城市街头、乡间田野的大人们也都成了"低头族"。回想在一次探访留守儿童活动中的情景:在村子里,十几个父母在外打工,孩子跟老人一起生活,家中居然一本书都没有,老人、孩子几乎人手一部手机,里面播放着搞笑视频。

你是否也发现、面临或经历着这样的问题呢?

我们这些年来奋斗在教育一线，与数以万计的家长一起探索孩子行为背后的动机，深知"屏幕时代"下的教育已成为大部分家长的主要课题。然而，仍然有一部分家长并未觉察被手机屏幕锁住的生活有何不妥。

如何利用好手机、网络这些"双刃剑"，让我们和孩子成为手机的主人，汲取网络的优质内容、掌握主动权，使"以网络获取知识，用手机辅助生活"成为当前有力的武器呢？我们总结近十年的办学经验并结合了近千个实际案例，归纳形成这本书。全书共九个章节，从屏幕时代下如何培养孩子的专注力、社交力、学习力，到如何帮孩子建立屏幕下的安全意识、培养孩子的习惯，再到如何处理隔代养育关系等共九个方面，探究孩子内心深处的声音，总结出家长们亲测有效的方法，旨在帮助孩子和家长更好地适应屏幕时代下的学习与生活环境。

我们不奢求用一本书能拯救被手机"蚕食"的孩子们，仅希望父母通过与孩子共读这本书，开启亲子同盟，将手机、网络的沉迷者，变成手握屏幕时代科学教养工具的创造者。以"爱"出发，与孩子们在相互尊重和信任的氛围中共同成长，为这个世界带来更多的光明和希望。

邢子凯　邹艳侠

2023 年 10 月

目 录

第一章　屏幕下的专注力 ···001

　　第一节　是孩子不专心还是你分心 ···003

　　第二节　沉迷和分心是学习的拦路虎 ···010

　　第三节　告诉孩子要专心，不如教会他如何专心 ···017

　　第四节　线上学习不间断，专注力到底怎么培养 ···025

第二章　屏幕下的社交力 ···031

　　第一节　小学生可以在网上交朋友吗 ···033

　　第二节　玻璃心和撒谎如何阻碍孩子的社交 ···042

　　第三节　同理心是社交力的核心 ···051

　　第四节　家庭内部也需要社交力 ···057

第三章　屏幕下的隔代养育 ···063

　　第一节　老人也沉迷电子产品，怎么办 ···065

　　第二节　老人带娃，手机来"帮忙" ···072

　　第三节　老人带娃轻信网络养生，不相信我怎么办 ···079

　　第四节　老人看似听了，却依然我行我素怎么办 ···085

第四章　屏幕下的安全意识 ···095

　　第一节　无孔不入的"催眠",你的孩子中招了吗 ···097

　　第二节　网络启蒙早知道 ···103

　　第三节　关于网恋到底如何跟孩子谈 ···111

　　第四节　留守儿童的网络安全同样需要关注 ···117

第五章　屏幕下的学习力 ···125

　　第一节　控制情绪是提高学习力的前提 ···127

　　第二节　如何同孩子一起应对线上教学 ···137

　　第三节　在家学习需要"软功夫" ···145

　　第四节　如何让孩子从"他驱力"到"自驱力" ···150

第六章　屏幕下的价值观 ···159

　　第一节　没有被点赞的生活值不值得过 ···161

　　第二节　美颜之下什么是真实的美 ···167

　　第三节　从"内容消费者"到"内容产出者" ···174

　　第四节　如何跟孩子谈网络下的人生理想 ···182

第七章　屏幕下的亲子关系 ···187

　　第一节　与其控制游戏,不如利用游戏 ···189

　　第二节　线上游戏,堵不如疏 ···196

　　第三节　理性看待游戏,家长更有收获 ···203

　　第四节　亲子关系是全家人的关系 ···209

第八章　屏幕下的习惯养成　⋯217

第一节　学习很难专注是不良习惯作祟　⋯219
第二节　好习惯和坏习惯的养成　⋯227
第三节　拖延和焦虑是习惯养成的"拦路虎"　⋯236
第四节　警惕"惯性按钮"作怪　⋯243

第九章　屏幕下的父母成长　⋯253

第一节　找准定位是父母成长的必修课　⋯255
第二节　成长型的父母是孩子一辈子的福气　⋯261
第三节　孩子变好的前提是你要爱自己　⋯270

结语　⋯277

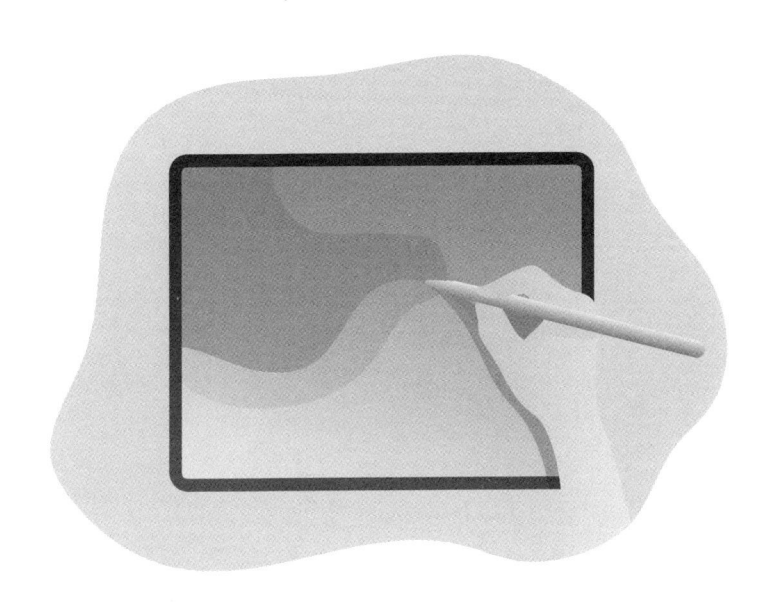

第 一 章
屏幕下的专注力

教育不是为生活做准备,而是生活本身。

——约翰·杜威

第一节　是孩子不专心还是你分心

> **来热身啦！**
>
> 孩子在婴儿时期，一边给孩子喂奶一边看手机会不会影响孩子的"专注力"？
>
> A. 会
>
> B. 不会
>
> C. 不能确定
>
> 你的选择是 ＿＿＿＿＿＿

> 是孩子不专心还是你分心
> 这一节，你最想了解的是什么？

1. 一边看手机一边带孩子是不是分心呢
2. 专注力需要从小培养吗
3. 手机导致孩子分心，到底该不该给孩子看呢

1. 一边看手机一边带孩子是不是分心呢

小丽刚刚生产完,每天在家带孩子,对着软绵绵的人类幼崽,一边喂奶一边玩手机成了她的"美好时光"。不得不说,"一会儿刷刷朋友圈,一会儿自拍、修图"成为现在很多年轻妈妈的带娃状态。妈妈一边喂奶一边刷手机,爸爸抱着孩子打手机游戏的也不在少数,还闹出过不少笑话。小丽说:"有一次老公正在打游戏,孩子睡着了,我需要去做饭,就委托他看一会儿孩子。不一会儿孩子醒了,而老公的游戏正玩到紧要关卡,老公便一把抱起孩子搂在了怀里继续玩儿。突然老公一哆嗦,赶紧站起来各种找。我还纳闷他找什么呢?原来是忘记孩子在怀里,以为孩子掉地上了。"还有一位妈妈说她们家也是,爸爸抱着宝宝打游戏,宝宝一直没动静,妈妈一开始没有发现宝宝在哪里,仔细查找才发现爸爸竟然把宝宝压在胳膊下面,这样就能固定住宝宝不让他乱动。而宝宝透过一条小缝隙正在全神贯注地盯着电脑屏幕看,小眼睛还一直眨巴眨巴的。真是应了那句话"你永远都猜不到你的队友在做什么"。这些场景也真的是让人哭笑不得。

孩子在襁褓之中并无感觉,等其逐渐长大,大人们才猛然发现,只有电子产品才能让孩子安静下来,似乎其他事情并不能激起孩子的探索欲望,干事情也只是三分钟热度。

你有相同的感受吗?

A. 有

B. 没有

你的选择是 _____

科学家曾随机选取了200个家庭中的18～24个月大的宝宝，在最开始给了半数家庭积木玩具并教授父母如何陪伴孩子玩耍积木：分类、叠叠高、数数等。另一半家庭则在后期才发给他们积木。在最初发积木的家庭中，59%的父母每天和孩子玩积木；在最后发积木的家庭中，只有13%的父母每天和孩子玩积木。这些玩积木的家庭，父母每天和宝宝玩耍20分钟。

6个月以后，科学家测试了这些宝宝的语言和专注能力：最初获得积木的家庭，宝宝的语言水平为56%，超过这个年龄段宝宝语言水平的平均值（50%），且专注于一件事情的时间更久，而在最后才获得积木的宝宝的语言水平低于平均值（42%）且专注一件事情的时间更短。

虽然孩子专注力的培养不是一蹴而就的事情，但也只有当孩子上课不专心、学习总走神的时候，家长才意识到事情的严重性，所以从小培养孩子的专注力才是根本。

2. 专注力需要从小培养吗

电子产品并不想成为背锅侠

意大利幼儿教育家、蒙台梭利教育法创始人蒙台梭利女士，在书中曾经写道："人生的头三年胜过以后发展的各个阶段。"美国当代著名的教育心理学家布鲁姆花费20年的时间，对上千名0～3岁的婴幼儿进行了跟踪研究，得出的结论是：如果以17岁儿童智力发展为成熟智商100%，那么50%的智力是在4岁前获得的。由此可见，0～3岁是孩子大脑发育的黄金时期。如此重要的人生头三年，家长怎可以将孩子交给电子产品？孩子的专注力需要从小培养。一提起专注力似乎都会觉得这会是一项大工程，没有完整的计划着实不行。其实，专注力并没有那么神秘，它就在我们的日常生活中。

就地取材，省时省力

当妈妈一个人带娃时，手机和电视的确是带娃的好帮手，但是长此以往的危害性也可想而知。

如何能够高效地把带娃和具体活动结合起来呢？

在幼儿园里设有生活区，我们不难发现，比起电子产品，孩子们更喜欢在生活区探索，如制作沙拉、玩水、插花、切水果、剥鸡蛋皮，等等。在生活中，这些物品很容易找到。当孩子完成"作品"后，他们的价值感会油然而生。

当妈妈要去做饭，没有时间照看孩子的时候，可以请宝宝参与其中，给他分配任务。如果担心孩子做不好，比如洗不干净蔬菜，可以让孩子做一些力所能及的事情，比如帮忙把菜撕碎、将沙拉酱淋洒在蔬菜上、把要食用的熟鸡蛋剥开皮、香蕉切成小块，等等。在保证孩子安全的情况下，和孩子一起参与家务劳动一定是一件很美妙的事情，既能够培养亲子关系，也可以从孩子的兴趣入手，培养孩子的动手能力。

营造环境，静待花开

环境对一个人的影响至深至远。孩子的习惯是一点一滴积累而成的，在人生的头三年，父母对孩子的影响尤为巨大。在教育早期，电子产品和读书对孩子的吸引力是相同的，"提供什么样的环境就产生什么样的影响"，就像一株西瓜幼苗，套上方形的盒子，就会长成方形的西瓜，所以给孩子营造环境至关重要。在家中可以给孩子布置图书区、绘画区、建构区等，日常多带孩子走进大自然。

为什么小朋友会喜欢幼儿园？这是因为幼儿园的区域设置很吸引孩子，虽然家庭无法全部按照幼儿园的环境布置，但是家长可以根据自家情况布置相应的环境，让孩子在精心布置的环境中不断成长。

目前为止，家庭的环境布置有哪些？你能想到的环境布置还有哪些？

3. 手机导致孩子分心，到底该不该给孩子看呢

你是否纠结要不要给孩子看手机？

A. 是，只有看手机的时候才能安静

B. 不是，看手机没啥好处，坚决不给看

C. 很纠结，限制手机使用时间，孩子又不能按照约定执行

你的选择是 ＿＿＿＿＿＿＿

对于现在的父母而言，给不给孩子看电子产品已经成了父母的一块心病。看吧，担心视力下降、破坏想象力、影响身心发展，有

些孩子过多接触电子产品还导致了社交恐惧,更是让家长闻"电子产品"丧胆,恨不得把家里的电子产品都隔离起来!但是不看吧,又担心孩子跟不上时代节奏,而且现在是信息化的时代,越来越多的电子产品出现在我们的生活中,离不开也躲不掉!尤其是线上学习,电子产品成了孩子唯一接收信息、获取学习知识的工具。

有一次和几个朋友一起去露营,一堆孩子正在热烈地讨论着动画片什么的。我观察到杰森一个人默默地在旁边,似乎融入不到大家的讨论中。我猜杰森应该是不知道这个动画片,因为爸爸妈妈几乎没有给他看过电子产品。很多小朋友兴高采烈地聊着动画片中的人物,还津津乐道着喜欢谁、谁的装备厉害等。这时小伙伴问杰森喜欢谁,他特别不好意思地说自己没看过。就有小伙伴起哄:"连这个都没看过",大家哄堂大笑。我看到杰森脸上露出了一丝难过。

心理学家曾经做过一个实验:准备好一个不透明的杯子,放在房间最显眼的地方,发现进房间的孩子们没有一个是看向杯子的。紧接着,工作人员在杯子里放上一块糖,然后说:"你们千万不要看杯子里面有什么?"这时候会发现几乎每个孩子都想去看看杯子里到底装了什么?

这就是"禁果效应",也叫作"亚当与夏娃效应"。越是禁止的东西,人们越要得到手。越希望掩盖某个信息不让人们知道,就越会勾起人们的好奇心和探求欲,反而促使人们试图利用一切渠道来获取被掩盖的信息。人们的好奇心与逆反心理有关。有一句谚语:"禁果格外甜",就是这个道理。

《史记·管晏列传》曾言:"善因祸而为福,转败而为功。"如果"看屏幕"已经成为孩子成长的重要组成部分,那么如何利用屏幕培养孩子的各项能力或许就该成为父母们需要思考的重要课题。

📖 小练习

1. 面对电子产品,你认为合适的处理原则是什么?请在下方（　　）内添加＞或＜。

A. 接纳（　　）制止

B. 引导（　　）转移

C. 规则（　　）说教

2. 请写出你做过哪些一心二用的事?分析事情的结果,你的感悟是什么?

第二节　沉迷和分心是学习的拦路虎

来热身啦!

你用过哪些方法来提升孩子的专注力？请填写在下方的表格中。

1.
2.
3.
4.
5.

沉迷和分心是学习的拦路虎

这一节，你最想了解的是什么？

1. 线上学习期间如何培养孩子的专注力
2. 纸上谈兵 vs 实战经验，谁胜谁负
3. 电子产品导致孩子沉迷和分心，优秀的父母是怎么做的

1. 线上学习期间如何培养孩子的专注力

《后汉书·马援列传》中写道:"初,嚣遣臣东,谓臣曰:'本欲为汉,愿足下往观之。于汝意可,即专心矣。'"专心,意思指用心专一、一心一意,亦指专一之心。

专心这个品质很重要,人们也往往把专不专心与学习的好坏挂钩,事实也确实如此。就如我国著名的思想家、革命家、文学家鲁迅先生,有一次他看书太专注,家人给他送饭后,他看着书居然把桌子上的墨水盒往嘴里放,后来家人笑他,他说道,我正是需要多吃些墨水哦!正是鲁迅先生的这份专注力,为他后来的文学事业奠定了不可磨灭的基础。

你认为是否专心对孩子的学业有影响吗?

A. 有

B. 没有

你的选择是 _____

答案是肯定的。正因为知道专心对于一个孩子的重要性,所以家长们才会"教子"心切。一看到孩子东张西望就开始喋喋不休,希望孩子如同钉在座位上一般,目不转睛地看着用于线上学习的电子屏幕,希望孩子"两眼不闻窗外事,一心只读圣贤书"。可是事与愿违,"神兽"总是一副苍蝇飞过都能逮住聊会儿天的状态。

线上学习期间如何培养孩子的专注力呢?

第一,蚂蚁吃大象,专注当下

当一只蚂蚁看到一头大象的时候,若一心想着一定要把大象吃掉，大概率会被眼前的庞然大物吓破胆子，就像我们对于专心这件事情一样，我们立了一个目标"一定要专心"，大概率不会太专心。因为我们在想"要专心"时，我们的脑子就没有专心在要做的事情上。专注于眼下能做的事情，不是指"专注1小时"这样一个远大的目标，而是拆分成"能够专注地听5分钟的课程"这样的小目标。一件事情的成功关键点在于是否真的开始了行动。

第二，"要"和"不要"

测试：

不要呼吸

不要看书

不要想孩子的作业问题

不要用左手打开书

不要站起来

跟着测试的节奏，做出相应的动作，你发现了什么？

当脑子里出现"要"与"不要"的时候，总会去想要做的事情。如果我们再想不要去想某事，脑子也已被占据了，无法专心。告诉自己"我不专心了""回到这来"即可，其他的事情自然而然就会消失。

2. 纸上谈兵 vs 实战经验，谁胜谁负

家长们常说："孩子懂什么？我根本和他说不明白！"孩子对动物形象是很敏感的，把蚂蚁吃大象的故事讲给孩子听，不断训练孩子专注当下的能力，坚持一段时间你会发现很明显的变化。可能会有些波折，没关系，多尝试，告诉自己我是一只勤劳的小蚂蚁，大象的全貌我不在乎，长此以往形成习惯，不知不觉就专心下来。

父母教孩子做一件事情的时候，什么情况下更有利于孩子学会？

A. 说说就行

B. 父母亲自示范

C. 示范并引导孩子尝试去做

你的选择是 _____

跟孩子全然说不明白的时候，请试着自己去做。在自己不断尝试的过程中，找到感觉，并将自己的实践结果与孩子分享。没有人喜欢听对方"纸上谈兵"，孩子更希望对方是有实战经验的人。

《韩非子·忠孝》一文中写道："专心于事主者，为忠臣。"专注眼前一小步，不断积累，终将到达终点。

3. 电子产品导致孩子沉迷和分心，优秀的父母是怎么做的

暑假孩子在家，父母忙得团团转，完全不比上班轻松，照顾孩子的一日三餐，吃饭要吃得健康有营养，还要兼顾孩子的学习。但

这一切对于本身还要上班的家长来说，很难合理安排。

慧慧就发出了感叹：孩子放假在家，做家务、忙工作，我一度感到崩溃！

慧慧家有两个孩子，老大上二年级，老二刚上幼儿园。她以前对孩子们一直是"放养式"教育理念。她工作也比较忙，就没怎么花心思在孩子的学习上，导致孩子们的学习效果比较差。所以，暑假期间，慧慧跟单位提出远程办公，大半的时间都给了孩子。老大刚开始在家上线上的兴趣班，不情愿也不熟悉流程。老二不上幼儿园在家里很闹腾，前几天慧慧是崩溃的。工作上有业绩焦虑，远程办公更加忙乱，经常电话不断。当工作电话撞上老大的视频邀请或老二想要的手工制作时，心烦意乱简直是到达了巅峰。

"实在没办法了，感觉整个人要崩溃了！"我们一起梳理了慧慧家一日的生活流程发现，每天做的事情都没有规划，老大的线上学习作业需要家长打卡、拍照、录视频；老二的幼儿园需要孩子在假期也落实全面发展；一会儿要做饭，一会儿要制作手工；而自己每天早晨有晨会，晚上有总结会，中间还会有一些重要客户的回访，还要兼顾孩子的一日三餐。这个情形是不是多数职场妈妈的真实写照？

万事始于规划

时间都去哪里了？好心情都去哪里了？当年的职场女精英被在家的孩子们磨成了"女神经"。每天一睁开眼睛就是无休止地做饭、打扫卫生、工作、盯孩子……还没来得及喘口气，一天就过去了。周而复始，只能期待赶紧开学，"神兽"归笼。

为什么在上班和孩子上学的日子，我们虽然忙碌，但却有条不紊？因为我们有一个日程表：孩子上学有学校的安排，我们上班有上班的安排。在假期里，似乎一切都被打乱了。

做好规划，才能够让家庭秩序有条不紊。比如，我们可以跟孩子建立一日生活流程，并且安排专属的时间跟孩子一起绘制时间表，选择孩子喜欢的模板，让孩子有了主动权，他们更愿意执行。

分工先行，事半功倍

孩子在家的这段日子，妈妈会不会觉得自己才是那个最忙乱的人？孩子、家庭、工作全部都压在一个人的身上，低头做饭，忘记会议的时间被老板批评；回复客户电话，没看时间，孩子们在你身后追着说：妈妈我饿了，一度想让自己变成"八爪鱼"。可是现实是：你是一个人，你需要做到的是合理分配。

"一个妈妈是一个家庭的CEO"，要让大家做到自己的事情自己做，集体的事情一起做。比如，做饭的时候，孩子可以帮忙择菜，妈妈在工作的时候可否请孩子递上一杯热水。

经过合理的时间规划和分工管理，慧慧每天的时间都排得很合理，除了做家务、管孩子，还开始追求个人时间，把一些一直想看的书也都拿出来了；安排了自己看电视剧和电影的时间；还安排了"云健身"做起健身达人。

成功的人生，需要自己去经营，别"再说了"，莫"再等了"，现在就为自己的人生做好规划，为人生点亮一盏灯。

"沉迷"是过程，"分心"是结果。我们不要只在结果上自怨自艾，而要在过程中努力。"沉迷"是个中性词，褒贬意义要看具体的情景，天平的两端我们要如何选择，取决于我们看待事物的角度。希望我们不要过早地给孩子"贴标签"，和孩子一起掌握好

"天平",育儿育己,做智慧的父母。

小练习

1. 如果你的孩子在 0～3 岁,请布置一个专属他的环境并拍照记录。

```
┌─────────────────────────────────┐
│                                 │
│                                 │
│                                 │
│                                 │
│                                 │
└─────────────────────────────────┘
```

2. 记录你和孩子共同完成一项家庭任务的感受和心得。

_____
_____
_____

3. 请孩子作小小监督员,提醒家庭成员遵守使用手机的时间,并制作日常"使用手机时间"排行榜,孩子作为裁判,每周宣布成绩。

第三节 告诉孩子要专心，不如教会他如何专心

来热身啦！

关于孩子不专心的问题，你认为：

A. 孩子不自知，就是需要一遍遍提醒他

B. 孩子知道，需要父母和他一起战胜这个"行为小怪兽"

你的选择是 _____

告诉孩子要专心，不如教会他如何专心
这一节，你最想了解的是什么？

1. 是他的线上学习，还是我的线上学习
2. 说了无数次，孩子还是不能专心怎么办
3. 到底怎么做孩子才能够专心

1. 是他的线上学习，还是我的线上学习

线上学习是近几年逐步兴起的一种学习形式。一时间，老师成了主播，电脑成了讲台，同学成了网友，家长成了助教。一开始，线上授课解决了孩子的上课问题，可作为助教的家长却苦不堪言，不知道到底是孩子的线上学习，还是自己的线上学习。

天津某小学四年级学生的妈妈就分享了自己的亲身经历：孩子在第一次线上学习的时候，家长还没有要求居家办公，所以孩子的线上课程都是由老人帮忙，自己并没有在意，直到自己也居家办公后才发现，孩子的线上课简直是一团乱。早晨 8：00 开始第一堂课，孩子却睡到了 7：50，睡眼惺忪地打开电脑开始上课。每天下课后，老师会将明天要学习的资料发到家长群里，请家长帮忙打印出来，而且孩子线上学习的时候需要保持网络畅通，一有卡顿，孩子马上就会被夺命连环 call，有些课程还需要家长旁听和互动。一整天下来，家长就围着孩子的线上学习转了，自己的工作只能留到夜深人静的时候处理。可是"神兽"的精力总是十分旺盛，还要陪玩到深夜，一天下来家长精疲力尽，工作还没有完成，不得不长叹一声：到底是谁的线上学习？

这是一个好问题，到底是谁的线上学习？到底谁是这件事情的主要负责人？

A. 孩子的线上学习由他主导

B. 我需要帮助他

C. 我需要主导，否则他不能认真学习

你的选择是 _____

成长似一艘航行的大船，舵手是谁、目标是什么？谁又该为前进的方向负责？不仅是线上学习，现在很多孩子是没有自主权利的。有一个采访问到一名学生：如果节目组可以帮其完成一项愿望，会是什么？她说："希望妈妈不要再让我吃鸡蛋了。"还有一个高三学生，自己上寄宿学校，每天都会跟妈妈通话询问今天需要穿哪件衣服。

人生路是要一个人走的，背负着另一个人前行，自己的路会走得很辛苦，另一个人也会觉得不知方向在何处。

2. 说了无数次，孩子还是不能专心怎么办

降低预期，制造机会

大脑当中有一个部位叫前额叶皮质，控制我们的语言以及逻辑推理等能力，更像是人类大脑中的领航员。当我们保持平静的时候，它生活得很安逸舒服，不会出来捣乱；当来自外界的压力过大时，前额叶皮质就会罢工，原始脑就会上线。原始脑有两个功能：打或者逃，但绝不会理性地去解决问题。而家长长期唠叨，每天就像救火队员一样在孩子身边奔来跑去，无意间会让孩子的情绪发生变化，没有办法耐心地听到你说的话，并且照做。

应该怎么办？我们能够控制的只有自己的大脑，降低我们对孩子线上学习的要求，让自己和孩子都能够保持愉悦的心情。每天进步一点点，如果线上学习上课时间是8：00，孩子昨天7：55起床，今天就提前10分钟，7：50起床，是不是进步了一点点？这也是值得开心的事情。但家长往往就是不允许自己有短暂的开心，总是太希望马上改变结果，而这种急切心理不仅不会对结果产生积

极影响，反而会让孩子越发紧张和不安。

把方向盘交给孩子

如果我们在马路上驱车行驶，副驾驶上的人时不时过来抢夺一把方向盘，会发生什么？

A. 放弃主动权，你来开好了，结果我不负责

B. 争夺方向盘，车子发生侧翻

C. 不踩油门，我不动，爱走不走

你的选择是 _____

如何将"要我做"变成"我要做"，需要让孩子自己多做决定。当孩子学会为自己做选择的时候，才能为自己的人生负责；当决定是自己做的时候，外界的干扰就不会再影响孩子的专注力，就像是这条路是自己选择的，肯定知道目的地和中间会遇到多少个红绿灯，什么时候该停，什么时候该走，手中的方向盘也才会把握得更加自信和专注。

从他驱力到自驱力，需要孩子的努力，更需要父母的放手。多一些欣赏，少一些焦虑，孩子的世界有自己的应对法则，信任是基础。

3. 到底怎么做孩子才能够专心

家长最常见的口头禅就是："我都说多少遍了，嘴都磨出茧子了，他就是不听！"以前孩子在学校学习，家长无外乎是回家盯一盯孩子写作业的情况，现在孩子线上学习，家长彻底成了网管和助教，那就更得全方位立体化管理起来，不管理还好，一管理吓一

跳：线上学习时说了无数次，后背要挺直！两眼要专注地看屏幕，老师提问要及时回答！留作业时要认真听，能忍一会儿就别着急上厕所！话都说了一万遍，无奈全当耳旁风！

结果就是老师给家长开会，家长给孩子开会。家长检讨，孩子检讨，第二天一上战场，依旧回到以前。

你说了无数遍，孩子却无动于衷，你会怎么做？

A. 选择妥协，发现改变不了什么，自己生闷气

B. 大发雷霆，训斥、批评、咒骂、动手揍一顿

C. 不停地唠叨，一遇到事儿就提起"不专心"这件事儿

你的选择是 _____

美国著名作家马克·吐温在听牧师演讲时，最初感觉牧师讲得好，打算捐款；10分钟后，牧师还没讲完，他不耐烦了，决定只捐些零钱；又过了10分钟，牧师还没有讲完，他决定不捐了。在牧师终于结束演讲开始募捐时，过于气愤的马克·吐温不仅分文未捐，还从盘子里拿走了2元。这种由于刺激过多或作用时间过久，而引起逆反心理的现象，就是著名的心理学现象"超限效应"。

"超限效应"在生活中随处可见，父母与孩子、丈夫与妻子、老板与员工，每一组成员之间似乎都存在着不平等的关系，又都是以爱之名、家庭之名、结果之名维系着。所有的种种都是出于好心，可结果却事与愿违，到底应该怎么办呢？

设立边界，适度放手

孩子没有大人盯着，你认为：

A. 就是不行

B. 也许行

C. 有方法一定行

你的选择是 _____

答案选择的背后是你对孩子的信任程度，我们是否尊重孩子的"边界"问题，其实是把孩子当作"独立的个体"还是我们的"附属品"的问题。

诚然，规则是要设立的，边界也要清晰，就像在我们创办幼儿园时的三条准则：不伤害自己、不伤害他人、不破坏环境。在此条件下，孩子有属于自己的选择权，小朋友在活动的过程中可以保持高度专注，甚至长达2个小时。孩子们各得其所，教师还专门跟孩子们约定：如果需要帮助，可以举手示意，老师会走到你的身边去。如果没有学生的允许，老师是不会轻易走到孩子们的活动当中的。这样做能保证孩子的专注度不受打扰，孩子专注的时间也会更长。

先链接，再纠正

家长认为最有效的方式就是"扫射式轰炸"——持续输出，问题就会迎刃而解吗？大多时候我们没有给孩子任何"上诉"机会，成年人就是一个独断专权的审判长。为什么？因为我们有权力、有优势。可是当我们和孩子的年龄、身高、地位、认知等发生变化后，会怎么样呢？父母对孩子的爱毋庸置疑，却用实际行动给了孩子一个反面体验：为了让你做得更好，父母的选择是让你的感受更不好。

就像许久未做饭的爱人为你精心准备了一桌美味佳肴，却遭到各种点评：这个菜太咸了、那个菜怎么不加点肉丝啊、这个汤多放点配菜就好了。如果经历这样的场景，你会是什么感受？接下来你决定做什么？相信很多人的回应是：不喜欢吃就别吃，下次换你做，给你做了还挑三拣四的！你看在这个情景下，另一半只顾纠正，忽略了和对方的情感链接，引起了对方的不舒服，自然得不到他想要的结果。

作为家长要多倾听，多用肢体语言，再进行问题的纠正就容易很多。看似花了时间跟孩子链接，问题被搁置了一段时间，却是"磨刀不误砍柴工"，跟孩子的关系好了，就像是房子地基建好了，多高的建筑也不担心坍塌了。

你是否还记得儿时的教室里，老师在讲课，学生们"炸开锅"，如果老师提高嗓门，跟学生较量音量，结果显而易见，老师的胜算几乎为零。但如果老师突然不讲话了，不一会儿，全班就安静下来。此时无声胜有声，能够帮助孩子树立专注力的绝对不是唠叨，而是在某个场景下孩子发自内心地找到价值感，哪怕只是不说话，都能够给孩子自我反思的机会，而不是车轮战，让孩子没有多余的精力去思考、去反省，仅停留在语言表面，最后成为一个油盐不进的问题少年，而家长却还一肚子委屈。

小练习

1. 让孩子自己设计一天的"驾驶轨迹"。

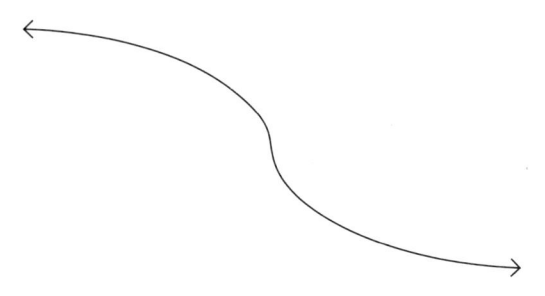

2.记录家长今天唠叨的次数,并比较每天的进步。

时间	唠叨原因	唠叨次数	相比前一天的进步

第四节　线上学习不间断，专注力到底怎么培养

来热身啦！

如果孩子必须要跟网络屏幕共存，你能想到的原则是：

1.
2.
3.
4.
5.

线上学习不间断，专注力到底怎么来

这一节，你最想了解的是什么？

1. 网络共存下的专注三原则
2. 规则量化力量大
3. 修剪杂草，减少干扰是秘诀

1. 网络共存下的专注三原则

俗语有言："别和往事过不去，因为它已经过去，别和现实过不去，因为你还要过下去。"线上学习、网上冲浪、掌上生活已成为既定事实。

与网络时代共存成了一门艺术，既不能放纵孩子，也不能让孩子"偷吃禁果"，要了解其中的奥秘，以下三原则请牢记。

原则一：接纳大于制止

作为家长，自己时间充裕的时候可以耐心地陪伴孩子；自己没时间的时候也可以合理安排时间把"电子保姆"请出来，同时要告诉孩子电子产品是工具，不能让它"绑架"我们的生活。在日常生活里，我们要给孩子做良好的示范，只要不囿于沉迷，孩子就能够把控好玩手机的时间。一味地禁止，只会让孩子更想"偷吃一下禁果"。

原则二：引导大于转移

在孩子玩电子产品的时候，家长知道不能强行制止，索性就用另一个物品来转移孩子的注意力，例如拿一块巧克力诱惑孩子："来，把手机放下，快过来吃巧克力了。"孩子就会在进退两难中做选择，一边沉浸在动画情节中，一边又惦记着心爱的巧克力，不仅打断了孩子的专注力，还没能马上将孩子的注意力转移过来，可谓得不偿失。我们需要安排好孩子的业余活动，包括读书、参与家务劳动、运动、画画、玩玩具和做游戏等。和孩子提前约定，看完动画片后最想执行的是哪项活动，让其自己选择，并且提前准备好下一项活动所需的物品，让其对下一项活动有所期待，无论看动画片还是下一项自己选择的活动，孩子都能全情投入是最好的结果。

原则三：规则大于说教

告诉孩子可以玩电子产品，但时间不能太长，为了眼睛好等诸如此类的说教很多家长已无数次告诉过孩子，可一到要关闭电子产品的时候，孩子就开始叽叽歪歪，不能立马行动。家长们是不是都遇到过这种情形，规则也设定了一大堆，可成效甚微。严格执行又似乎有点不近人情，规则设置如同虚设，问题在哪儿呢？

2. 规则量化力量大

如果需要帮助孩子建立专注力，你打算从以下哪些方面进行？请在（　　）中打"√"。

A. 约定观看时间（　　）
B. 约定观看内容（　　）
C. 约定参与人员（　　）

《淮南子》有言："矩不正，不可为方；规不正，不可为圆。"帮助孩子建立规则，才能事半功倍。如何进一步帮助孩子建立规则培养专注力呢？

看看你家的规则是否符合以下的要求。

规则可视化

制定的规则一定要可视化。家长跟孩子讲："就看10分钟，10分钟后关掉。"孩子压根对时间没概念，10分钟到底是多长？可以利用计时器定时。现在有很多定时神器，外观和功能都很强大，选择孩子喜欢的造型，将计时器拟人化，孩子更愿意接受。例如我们家的"萝卜卫士"和"汉堡卫士",每一次看电视时,我们提前约定好时间,将计时器扭转到规定的时间,铃声响起就关闭电视机。

规则主动化

家长会好奇"萝卜卫士"和"汉堡卫士"是什么?其实就是帮助孩子计时的一个工具。那为什么会是这两个物品呢?因为那是孩子自己的选择。提前约定看电视的时长,比如,15分钟还是20分钟,孩子就会很主动地把工具拿出来进行计时。

规则全家化

规则是针对全家人的,而不仅仅是针对孩子。比如,妈妈和孩子商定的规则是每天看20分钟动画片,可如果爸爸每天玩游戏到深夜,那当孩子玩游戏超时,家长还有什么理由去指责孩子呢?

泰戈尔说过:"让睁眼看着玫瑰的人,也看看它的刺。"电子产品是一把双刃剑,接纳、引导和设立规则三原则,可以让孩子和电子产品友好地做朋友。

3. 修剪杂草,减少干扰是秘诀

《给孩子的36招时间管理术》一书中提到:做减法,对于培养孩子的专注力大有帮助。美国加利福尼亚大学研究学者格洛丽亚·马克发现,人在工作的时候,每11分钟就会被外界打扰一次,而受到外界干扰后要花25分钟恢复工作状态,即每次受干扰后,就会让你失去大约25分钟的时间。孩子在家线上学习,外界干扰一定不会少。首先,没有像学校一样的学习场所;其次,有家人在家,家里的嘈杂环境可想而知。

做减法，让周围的环境越简单越好，孩子的专注力是在一点一滴中形成的。比如，孩子正在家里写作业，妈妈过来送一杯水，爸爸走到身边指点一下，奶奶过来给孩子擦擦汗，爷爷随手将洗好的水果递给孩子。每一次的"干扰"都需要孩子花更长的时间来修复。

低龄儿童家里的玩具也不适宜很多，玩具过剩，会让孩子在过多的选择中挑花眼，往往好奇心和专注力成了两个欢喜冤家，有好奇心就容易分心，就不能够专注。其实不然，孩子可以在黄金时间内，利用自己的好奇心，培养自己的专注力，让自己进入心流状态，就像我们如果特别痴迷于做一件手工，猛然抬头才发现已经从天亮做到天黑，也没有觉得时间过得很慢。

"黄金时间"是自己感觉舒服，并且保证不被外界打扰的时候。现在碎片化的时间不仅影响着孩子，同时也影响着我们成年人。看似每天都忙活了很多事情，回忆起来似乎又什么都没有做。将自己的黄金时间利用起来，高效的两小时就可以完成一天中重要的几件事情。和孩子一起做减法，找到属于彼此的黄金时间。

没有一个孩子天生就希望自己是一个坏孩子，也没有一个孩子希望自己是专注力差的孩子。我们是和孩子一起战胜问题，还是和问题一起战胜孩子，决定了孩子面对问题的处理态度。

让孩子心中充满爱，先处理好和孩子的关系，再去纠正孩子所出现的错误，和孩子一起面对生活中的各种挑战，将每一个错误都视作是学习的好机会，今天比昨天进步一点点足矣。

积少成多，让爱在孩子的心中萌芽，内心有爱才能面对人生中即将遇到的每一个挑战，就像一根橡皮筋，不要一上来就用力过猛,将皮筋扯断,要让孩子永远保持应对人生的韧劲,这才是每一个父母需要培养的孩子的品质。

小练习

1. 邀请孩子一起制定屏幕使用规划表。

参与者	约定使用时间	约定观看内容	执行情况

2. 蚂蚁吃大象游戏,记录作为父母的自己,今天有几次走神,你做了什么?

走神次数(场景描述)　　你做了什么?

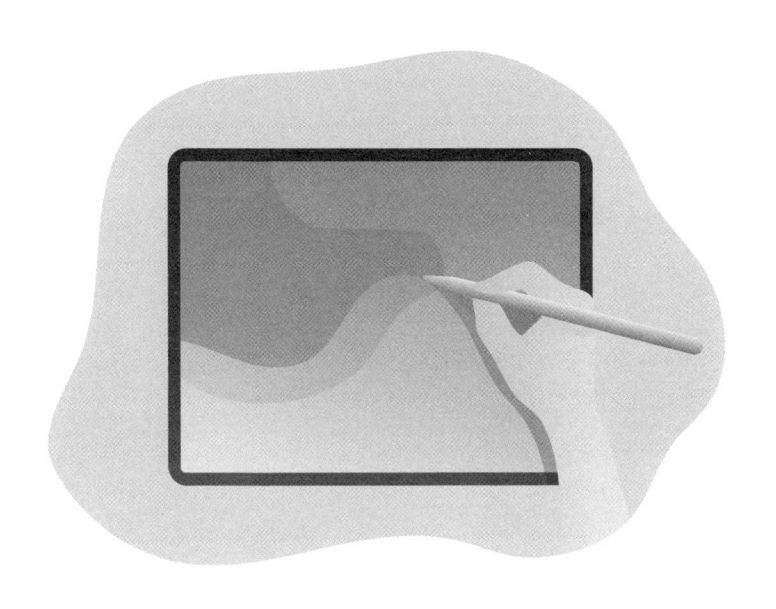

第 二 章
屏幕下的社交力

在各种孤独中间,人最怕精神上的孤独。

——巴尔扎克

第一节　小学生可以在网上交朋友吗

来热身啦!

你认为小学生可以在网上交朋友吗?

A. 可以

B. 不可以

C. 不确定,还没想好

你的选择是 _____

小学生可以在网上交朋友吗

这一节,你最想了解的是什么?

1. 警惕网络里"披着羊皮的狼"
2. 孩子什么时候拥有属于自己的电子产品合适
3. 做孩子的"网管"需要具备什么能力

1. 警惕网络里"披着羊皮的狼"

家长都很清楚,现在网络信息发达,能够给孩子带来很多新的知识,对孩子的学习也有促进作用。"网络交友"却让很多家长担忧,担心孩子在网上遇人不淑、被坏人欺骗。现在很多软件设计也是唯利是图,根本不考虑在校学生的接受能力,利用病毒性营销,让在校生将自己的同学骗到软件里赚取佣金,最后让毫无偿还能力的学生不得已骗取父母的血汗钱。

五年级的子墨非常喜欢上网玩游戏和聊天。一天,他在一个游戏论坛上遇到了一个自称是游戏管理员的人,名字叫作"大神"。"大神"告诉子墨,可以帮助他获得更多的游戏道具和金币,只需要子墨提供一些个人信息。子墨非常兴奋,他想要在游戏中变得更强大,于是他毫不犹豫地将自己的姓名、年龄、学校和家庭住址等信息告诉了"大神"。"大神"看到这些信息后,表现得非常友好,并告诉子墨,他需要支付一些钱才能获得更多的游戏道具。子墨并不知道这是一个骗局,他急忙将自己的压岁钱和零用钱转给了"大神"。然而,"大神"并没有履行他的承诺,也没有给子墨任何游戏道具。子墨感到非常失望和愤怒,他意识到自己上当受骗了。子墨赶紧告诉了父母发生的事情,父母非常担心和生气。他们立即报警,警方通过 IP 地址追踪到了骗子的位置,并最终将他抓获。

2. 孩子什么时候拥有属于自己的电子产品合适

现在让家长最头疼的电子产品当属手机了:给孩子买手机,担心耽误学习;不给孩子买手机,更担心所有的小伙伴都有,自己的孩子会不合群、受冷落，买也不是，不买也不是。有的孩子六七岁就拥有自己的手机，有的孩子到高中才得到一部完全属于自己的手机。不知何时起，手机已经不再像是我们小时候一样仅仅是一部通信工具，现在的手机更像是孩子们必不可少的玩伴。不仅能够上网玩游戏，还能够跟朋友进行链接。孩子自己出门在外，学校也不在家附近，身上有个手机，万一有什么着急的事情还能够跟孩子及时取得联系，避免担心孩子而干着急。弊端就是孩子拥有了自己的手机，用来做什么家长就不得而知了。随着孩子年龄增大，线上学习的很多操作自己就能够搞定。家长也需要用自己的手机处理工作，给孩子配置一个手机，大家都能够彼此对自己的事情负责，也是一件美事。

还记得小时候，初中能拥有手机已经是一件很奢侈的事情，孩童时代手机成了在外求学跟家里唯一的联系工具，很多人至今还将自己拥有的第一部手机保留着。当年几乎每个晚自习下课，我都会跑出去给妈妈打个电话，手机是我们母女之间联系的纽带。现在的手机似乎失去了纽带的功能，亲子之间因为有了手机，反而话说得越来越少，手机也成了破坏亲子关系的导火索。手机还是那个手机，可是时代却发生了变化。其实拥不拥有手机，年龄永远都不是重要的参考因素。

用途大于一切

该不该给孩子购买手机，很多人都有自己的观点，觉得七八岁太小，自控能力不行；10来岁又不成熟，担心孩子上网遇到坏人；13～15岁是学业的关键期，不抓紧学习就会被分流；一转眼，上大学该是给孩子配手机的好时机了，发现孩子的想法还挺前卫，不是最新款已经不能得到满足，购买手机的费用要花费将近半年的工资，无奈囊中羞涩了。似乎任何一个时刻都不是给孩子购买手机的好时机。事实上并没有那么复杂，每个阶段的需求不同，当然需求也不是单向的。朋友家的小勇已经上小学三年级，常年住校，家长觉得孩子一个人在学校不是很放心，就给儿子买了一个"老年机"，只能通话、发短信，且外观十分丑陋，像个"黑板砖"，确实符合了家长的需求，可是每次来电，小勇都不愿意拿出来接电话，因为觉得电话太丑了，每次都会被同学们笑话，导致家长好几次给小勇打电话都没人接，反而更加着急。看似"板砖手机"能够满足需求，却是家长单向的需求。家长没能考虑孩子的想法，最后没有达到预期的效果。也许家长会说："这么小，攀比什么，有能用的就不错了。"设身处地想象一下，人在社会环境下，也需要得到社会的认可，这绝非仅仅是因为虚荣，所以家长可以跟孩子坦诚沟通，询问一下孩子现阶段他希望手机具备什么样的功能，当双方达成一致，再沟通确定手机的价位、形状、用途等，一起购买属于孩子自己的手机。

约定先于购买

家长会觉得别人有的东西，我的孩子也必须有；老师说上课需要使用的物品，那就给孩子购买；孩子说全班 80% 的同学都拥有手机了，我们就必须购买。不管出于什么样的理由，手机就这么稀里糊涂地购买了。为什么说稀里糊涂呢？因为我们只看到目前的趋势是购买手机，可是手机所带来的隐患似乎在诸多的理由下被隐藏了。被隐藏并不代表不存在，等到问题爆发的时候，家长会不停地唠叨，不停地后悔："早知道就不给你买手机了"，可是一切为时已晚。

　　秦二世是个无能的皇帝，他不但信任奸臣赵高，而且杀了许多忠心的大臣，百姓也生活在水深火热之中。许多志士揭竿而起，包括楚怀王军队中的刘邦和项羽。有一天，楚怀王对刘邦和项羽说："你们谁要是先进入关中，谁就可以称王。"于是，刘邦和项羽分别带着军队从西路和北路出发。一路上，刘邦没有受到什么阻力，还打了几场胜仗，顺利进了关中。不过，刘邦一进入咸阳城后，就显现出原本贪酒好色的本性，一直待在宫里不肯出来，完全忘了自己的目的。等到张良去劝他，他才恍然大悟，赶快召集关中父老、英雄们开会，和他们做了三个约定——杀人者死，伤人及盗抵罪，剩下的秦朝法律都可以废掉。所有的官吏和以前一样平安无事，百姓们得知也都很高兴，四处宣传："如果刘沛公可以回到关东，那么我们老百姓就有好日子过了。"因此，刘邦很顺利地收买了关中的人心。可见约法三章的重要性。

　　我们跟孩子也需要约法三章，或许你会有疑问：跟他约定好了不遵守怎么办？其实，没有人希望自己的信誉有问题。孩子会很信守自己的承诺，就像维护自己的尊严一样，家长不妨将自己的顾虑表达出来，语言可以委婉，如"我担心我们的约定会被忘记，有没有什么方式可以帮助我们记录下来？"请孩子表达自己的看法，将他的想法认真地记下来，孩子也很希望自己的信誉账户里能够越积累越多。

　　我们可以拥有手机，却不能被手机控制。有些大智慧藏于无形之处，不妨跟孩子讲一讲拥有和控制的关系。

3. 做孩子的"网管"需要具备什么能力

孩子们之间流传这么一句话：学习使我妈快乐。逐渐演变成了"去学校学习使我妈快乐"。自线上学习以来，家长的笑话也是层出不穷，很多家长都购买了心率手环，还有一部分家长实在没地方冷静，打开自己家的冰箱将头放进去，说是能够让头脑迅速理智下来。

随着生活方式的逐渐改变，很多人的办公习惯也发生了变化，在家办公最大的挑战，不是协同工具不好用，不是远程沟通不高效，而是孩子没上幼儿园，两个在线办公加一个线上学习，另一个却要看小猪佩奇。在家的时候"网络"是最忙的，全家人都在找它。如果评选谁的岗位职能最多莫过于"妈妈牌网管"。孩子线上学习的时候，孩子只需要做的是听课。而家长需要做的却是测试各种设备，学会登录各种软件，按时打卡，监督孩子认真听课，记录课后作业，辅导孩子写作业并拍照，上传检查孩子背诵并录制视频。网上段子讲以前拼爹，拼的是财力资源和背景；现在拼妈，拼的是时间精力和情感。现在的妈妈，比保洁更卖力，比大厨更专业，比电台更会讲故事，比学生时代的自己更爱学习。很多妈妈感慨，辅导了三个孩子在家学习，现在给我一个公司都能管理得有条不紊。

以前，父母充其量只是一个"教师助理"，现在彻底变成集精通各种文化知识、修理能力、后勤保障、学生助理等于一身的高级"网管"，作为一名优秀的"网管"需要具备哪些能力呢？

沉着冷静遇事不慌

话说得轻巧，做到却需要扎实的内功。可乐妈妈说："有一次上线上课,刚好我路过可乐的房间,他立马探出脑袋招呼我,让我快来快来,一起凑个热闹,说完立马将摄像头转向了我,而那时我的头没梳脸没洗,一身睡衣出现在了全班 50 多名同学面前。"沉着冷静确实是一种心态。我们可以将剑拔弩张的局面幽默化一些,似乎就没有那么大的火药味。看看网络上那些被逼疯的家长,并引以为戒,有利于保持自己的良好心态。有一位爸爸对自己的儿子说:"你别喊我爸,我没你这样的儿子",还有一位爸爸说:"我晚上做梦的时候梦到你的老师们在我床边站了一圈,就连体育老师都来了,他们挨个问我这个题怎么解?"看到大家都面临同样的问题,是不是会觉得自己的问题也是万千问题中的一个,心情顿时好了不少。

统筹规划领导思维

一个部队打仗,将军永远不会是那个第一个冲上战场的,不是因为贪生怕死,而是因为他是整个部队的主帅,很多战略决策需要主帅来拿主意。而在生活中,妈妈往往会是那个救火队员,火势还没有蔓延起来,刚刚开始星星之火,孩子还没有慌起来,妈妈已经坐不住了。老师给孩子们发了一套卷子,希望孩子们在 20 分钟之内做完,妈妈反复路过房间很多次,看到孩子一动不动,再看看表,时间只剩下 5 分钟了,这种情况下,如果你是这个孩子的妈妈,你会怎么做?

A. 提醒他抓紧时间

B. 装作没看见

C. 进去和他一起将作业写完

你的选择是 ＿＿＿＿＿＿

85%的妈妈都会忍不住去提醒孩子,因为老师说了20分钟后收卷子。可是当你进来提醒孩子的时候,孩子借口说刚才网络不好,没有听清楚老师讲了什么,希望妈妈可以帮助他一起完成卷子,你的选择又会是什么?是不是发现自己进入了局内,不得已上战场了。这个时候,孩子说,妈妈你先做着卷子,我去一趟厕所,你会不会顿时石化,孩子回来可能还会一直催你,妈妈你为什么这么慢,马上到时间了你为什么还没写完,这样一来,反而感觉是你耽误了孩子的进度,让人百口莫辩。所以做好你该做的,主帅把握好行军方向,仗交给士兵去打。否则一旦错位,主帅累还不落好,士兵还觉得自己没有发挥的余地。

小练习

1.学会适当表达爱,比如对孩子说,你的笑脸很灿烂,有你这样的儿子,我真的好幸福。

你经常使用且能够表达爱的语言是:

(1)

(2)

(3)

(4)

2. 记录和孩子手机使用前的约定。

手机使用约定表
（1）
（2）
（3）
约定人：

备注：约定表可以定期更改，建议开始不要要求过多，不容易遵守。

3. 建立信誉账户。

信誉账户		
信誉事件	加分原因	减分原因
（1）		
（2）		
（3）		

第二节 玻璃心和撒谎如何阻碍孩子的社交

来热身啦!

说谎的孩子就是坏孩子吗?

A. 是的

B. 不是

C. 不确定

你的选择是 _____

玻璃心和撒谎如何阻碍孩子的社交
这一节,你最想了解的是什么?

1. 孩子玻璃心怎么办

2. 孩子没有诚信,人缘不好怎么办

3. 孩子撒谎后,父母应该怎么做

1. 孩子玻璃心怎么办

两家人一起聚会，席间两个小姑娘一起看手机里的跳舞视频，其中一家爸爸请女儿给大家舞一曲助兴，小姑娘也是落落大方，给大家带来一个即兴舞蹈，可还没有跳完，另一家孩子就说："跳得可真难看，我不喜欢。"听到别人这么评价，小姑娘顿时不敢继续跳了，这时大家都还在鼓励她继续，朋友的孩子却继续说"真难看，我不要看，我要走了。"说着这个孩子就跳下椅子离开餐桌，这时候跳舞的小姑娘开始哭了。

如果你是小姑娘的妈妈，你会怎么办？

A. 哭什么啊，就知道哭，继续跳

B. 不哭不哭，我的姑娘跳得可好了

C. 责备对方的孩子没礼貌

你的选择是 _____

如果你是这个小姑娘，你希望父母怎么做？

_____

每个人在成长的过程中，都会有来自反面的声音，质疑我们的成绩，质疑我们的长相，质疑我们做事情的方法，质疑我们的眼光。

遇到这些情况应该怎么办呢？

第一步，体会孩子的感受。

妈妈将哭泣的孩子拉到自己的身边，并当着所有人的面，跟孩子说："小妹妹那样说话让你很伤心，对吗？你愿意和妈妈一起去到旁边平复一下心情吗？"小姑娘含着眼泪，点点头。

你在很认真地跳舞,她发出那样的言论让你很不舒服。让孩子知道,即使自己哭了,也并不是你的错,妈妈不会批评你的哭泣,而是理解你的感受。

第二步,如果她在跳舞,你会怎么做?让孩子学会换位思考。

看一看孩子内心是如何想的?对方和你互换了环境,自己是认真观看,发出赞美,还是会发出嘲笑,抑或是嫉妒对方跳得好而自己不会?并问问孩子为什么会这么做。让孩子能够更加理解对方是出于什么原因做出那样的行为。再次验证不是自己不好,而是对方有自己的想法。

第三步,你觉得她为什么会说出那样的话,帮助孩子分析,并不是自己犯错误了。

第四步,一会儿回到餐桌上,你会怎么做?帮助孩子建立面对发生的事情要有所交代的思维方式。

A. 感谢大家的等待,我还可以给大家跳一支舞

B. 感谢大家的等待,我现在不想继续跳舞了,可以一起吃饭

C. 感谢大家的等待,我还有其他想给大家展示的

第五步,如果对方还继续做出不礼貌的行为,你会怎么做?引导孩子面对不礼貌的行为,要懂得反抗。"无论你做什么?对方都会有自己的想法,但如果再次面对对方无理的表述,你可以告诉她:你这样做我很不舒服,如果你不愿意看,可以走开,或者我是表演给爸爸妈妈看的,你可以选择做你的事情。"

第六步,告诉孩子,无论别人如何评价,爸爸妈妈永远都是最欣赏你的人。

在面对外在的质疑时,孩子需要的是父母的支持,而不是父母

如陌生人一样的嘲笑或是辱骂，这会让孩子极度自卑，不愿再与任何人接触，久而久之就会封闭自己，只有自己一个人时才会感觉到安全。

所以孩子的玻璃心变成钢铁心需要父母的呵护和理解。

关于玻璃心，拒绝比接纳来得容易，我们希望孩子内心越来越强大，就要学会给孩子建造内心的一道高墙，这座高墙需要以父母的接纳作为墙砖，才能够坚固无比。

是不是太尊重反而会造成更脆弱的玻璃心？线下课堂有一位爸爸发表的言论引起了大家的议论。那位爸爸觉得现在的孩子就是娇生惯养，一点风浪都经不起，就应该在家里给足挫折，在社会上才能够承受住非议。原话是为了不在社会上承受一个耳光，在家里就要更加严厉，承受两个。

爱是给人力量，外在的动力是短暂催化剂，无论顺境还是逆境，内心的富足才是在任何时刻都能够支持我们前行的动力。

2. 孩子没有诚信，人缘不好怎么办

还记得课本里列宁的故事、狼和小羊的故事、韩信报恩的故事吗？

我们从小就耳濡目染，知道说谎不是好孩子，没人喜欢，所以当孩子开始对你撒谎时就如临大敌，一定要让孩子明白"说谎"是坚决不允许的。

你第一次发现孩子撒谎是在什么时候，关于什么事情？

撒谎,是孩子成长路上的必经过程。心理学家早有研究,说谎是人类的天性之一。说谎是将事件进行再编辑,并且能够根据现在的情形转化为对自己有益的一种行为,某种层面上也是一种高情商的行为。但这并不意味着孩子可以说谎,我们只是需要换个角度看待说谎这件事。

那么孩子为什么要说谎,原因有以下三种。

一是无意识说谎

小朋友回家谎称在幼儿园老师用针扎她,还给她身上泼水,说得有模有样,家长很是担心,便找到了园长想看监控,到底自己的孩子是不是被如此对待。看完监控才发现,老师并没有如此对待孩子,家长很是生气,觉得小小年纪的孩子怎么就开始学会说谎了呢?回到家全家人给孩子训了一顿。

其实小朋友在幼儿园小班阶段是现实和想象混淆阶段,经常以为自己的想象就是现实,比如以为现实世界是有怪兽的,也相信魔法的存在,这个时候孩子所谓的"说谎"只是一种无意识的行为。家长在这个阶段要具备一定的"侦查"能力,能够"识破"案件,避免造成不必要的尴尬。

二是为了达到某种目的说谎

一种是为了自己,躲避惩罚或者想要得到;另一种是为了外在,赢得关注、表扬、赞美等。

为了自己而说谎,是孩子在当下做出的自我保护行为,为了得到一个玩具或是减少一顿责骂。我还记得小时候因为作业没有写完担心老师批评我,就告诉妈妈我肚子疼,不能去上学了,让妈妈给我请假。为了外在而说谎,女儿的小表姐来家里做客,看到女儿有一个洋娃娃很好看,便说:"我也有一个,我爸爸刚给我买的。"一旁的妈妈赶紧说:"你哪儿有啊,净撒谎。"其实这是由于攀比导致的撒谎,也是无意识撒谎,只是为了满足自己的虚荣心。

还有些孩子为了取悦家长,赢得老师的关注,得到他们的表扬,满足自己受人关注、表扬的心理需求而选择撒谎。

《少年说》里有一期,一个男孩,因为有经常说谎的习惯,而被同学孤立。他之所以会这么做,仅仅是希望大家关注他、喜欢他。

三是说谎是为了让对方安心

还有一种谎言叫作善意的谎言,以前撒谎是为了骗父母不要责怪自己,现在撒谎更多的是希望父母不要牵挂自己,开始成年人的"报喜不报忧"似的谎言。我们如何识别孩子的谎言是否是善意的,视我们在谈及孩子的谎言时对方的态度而决定。小辉学习成绩很优异,但家里的条件不允许他上大学,所以在拿到录取通知书的那天他便告诉父母自己没有考上,父母无比气愤地责骂小辉没出息,小辉不但没有生气,也没有反驳,只是静静地观望着父母那被岁月风干的脸庞。父母的责骂并没有激起小辉的愤怒或者厌烦。

3. 孩子撒谎后,父母应该怎么做

态度很重要

发现孩子撒谎,父母的态度很重要。有时候事情本身并没有打垮孩子,而是父母的态度将孩子推到墙角,还将孩子的脸面在墙上"揉搓"一番。当发现孩子说谎时,切记贴标签,避免以下语言:

你不是好孩子。

你是个撒谎精。

长大了还得了。

就知道你没什么好心。

贪图小便宜，拿别人的东西就是小偷。

你真是丢死人了，别回我的家。

看着别人的好就跟别人走吧。

你可以试着将自己换成孩子的角色，将这些话说给自己听，你的感受是什么？你还会相信自己是一个好孩子吗？

女儿每天都要进行舞蹈打卡，有一次因为白天只惦记着玩儿，所以学习作业和舞蹈打卡凑到了一起。孩子一边写作业一边发愁自己的舞蹈打卡还没有做，没一会儿她就到屋子里来找我，说："妈妈，我很不舒服，我今天写不了了。"我和爸爸一早就识破了她的谎言，知道是事情太多，她开始有压力了，我们决定配合她"演完"这场戏。

爸爸妈妈："哦，宝宝不舒服了，那我们现在休息吧？"

孩子："可是我的作业还没写完，舞蹈还没有打卡。"

爸爸妈妈："没关系，身体更重要，先休息好。"

孩子："那妈妈你给老师请假，我不舒服，不能写作业了。"

妈妈："好的，我们先观察一下。"

孩子："那我们玩一会儿吧，我还有力气可以玩一会儿。"

爸爸妈妈："宝宝生病了，要躺床上好好休息，等你好了我们会陪你玩儿的。"

爸爸妈妈将孩子放到床上，给孩子盖好被子好好休息，并且不断询问是否需要上医院，孩子几次都表示不用了，并且希望爸爸妈妈出去，请爷爷奶奶进来陪她，因为她觉得爷爷奶奶能陪她玩。爸爸妈妈表示："我们可以照顾宝宝，爷爷奶奶年龄大了，身体不允许，万一被传染，就不好恢复了。"几经沟通后，孩子发现爸爸妈妈这里没有任何漏洞可以钻，而且他们也并没有拆穿自己装病的把戏，于是她告诉我们自己身体舒服一些了，可以起来写作业和练习舞蹈了。爸爸妈妈一看目的达到了，也并没有落井下石，告诉孩子由于身体不舒服，可以陪着孩子将作业写完，如果有什么不舒服还能够及时发现，爸爸妈妈好及时照顾她。她也欣然接受了，在辅导作业时，爸爸一边给孩子讲解一边用温柔的语气辅导孩子，没一会儿作业写完了，孩子脸上也不见了那种焦虑神情，并且开开心心地完成了舞蹈打卡。

至今她也不知道父母已经知道她在撒谎了，我们并没有给她贴上"撒谎"标签，也没有拆穿她的把戏。

学会沟通

当我们知道孩子为什么撒谎时，就像打牌时看到了别人的底牌一样，家长需要"将计就计"，多多引导孩子，让孩子和谎言共存一下，找到比撒谎更好的解决方案。

给谎言一点时间

当孩子出现说谎行为的时候，父母不必如临大敌，立马色变，觉得这个孩子品行坏了，将来就会一事无成。我们在其他章节也分享过，摒弃"一着不慎"即"满盘皆输"的思想，给谎言一点时间，让孩子来矫正自己的行为，变被动为主动。

屏幕下的生活"快",节奏快、讯息快、反应快、影响快,但跟孩子的相处,需要慢下来。给孩子一点时间,也给成长一点时间。

小练习

1. 跟孩子讨论一下如果有人嘲笑他,他会怎么做?

2. 你撒过谎吗?是什么时候?关于什么事情?父母怎么做的?对你有哪些影响?

第三节　同理心是社交力的核心

> **来热身啦!**

从小到大,你的父母有教过你识别情绪吗?

A. 有

B. 没有

C. 不知道什么是识别情绪

你的选择是 ＿＿＿＿＿＿

> 同理心是社交力的核心
> 这一节,你最想了解的是什么?

1. 为什么大家都不喜欢我
2. 会来事儿就是社交能力强吗
3. 好的友谊是什么样子的

1. 为什么大家都不喜欢我

如果有一天，孩子跑过来告诉你，妈妈，为什么大家都不喜欢我，你会如何回答？

A. 不喜欢就不喜欢，为什么非要他们喜欢，喜欢不能当饭吃

B. 不喜欢就算了，就知道哭，你这样谁会喜欢你

C. 人家为什么不喜欢你，一定是你做得不好，怎么就单单不喜欢你呢

D. 你并没有错，你只是与众不同而已

你的选择是 _____

"己所不欲，勿施于人。"讲的就是要能够换位思考，能够理解他人的感受。

多项研究表明，具备同理心的孩子社交能力更好，那么如何培养孩子的同理心呢？

首先，培养同理心，要理解别人的感受。

在幼儿园里我们经常跟小朋友玩"猜猜我发生了什么事情"的小游戏。带孩子观看绘本，让孩子观察绘本中小动物们的表情，请孩子说一说小动物的表情是什么样子、发生了什么事情，用语言表达出来，帮助孩子锻炼识别表情的能力以及语言表达能力，从而训练孩子的同理心。还可以玩不同的游戏，让孩子将两个不同表情的小动物放在一起，请孩子观察两个小动物的表情，看一看小动物的表情有什么不同。

其次，多跟孩子讨论感受。让孩子能够感受到尊重，这种感受很重要，感知先于理性，当孩子感受到被理解、被接纳，就会有力量去面对问题，不仅能够教会孩子如何去面对问题，还能够帮助孩子更好地去理解别人的感受，更能够跟对方共情，帮助孩子建立良好的人际关系。

2. 会来事儿就是社交能力强吗

小奇是三年级的学生，在同学的眼中，她是一个热情开朗、乐于助人的好同学。班级里如果有人中暑，她会主动把同学送到医务室；如果有同学中午没带午饭，她会主动将自己的午餐分给同学；跟同学们一起看手机也总是附和同学们的观点；所有的同学都争论着要喝什么味道的果汁，她永远都是哪个都行，并且主动帮大家去购买的那一个。同学们都很喜欢她，觉得有她大家伙真的太方便了。竞选班干部时，大家本能地选择了她。大家本能地认为，小奇是愿意为大家做这些事情的。但是小奇自己却并不开心，反而觉得竞选班干部后自己负担很重。

"会来事儿"并不代表社交能力强，也许是"讨好型人格"。美国心理学家卡伦·霍妮的著作《我们内心的冲突》中写道："讨好型人格对于温情和赞赏有着极度的需求，他们太在意他人的评价，过于渴望得到他人的认可与关爱，所以会毫无底线地去进行相应的付出，来追求自己想要的。"

心理学家布莱柯也在《讨好的毛病：治疗讨好他人的综合征》一书中写道：关于讨好有一个很大的误解，很多人会觉得它是一种良性的心理状态，毕竟看起来，被当做好人总是不错的。实际情况是很多讨好者，已经不是简单地取悦他人，而是无法控制地讨好他人，下意识地牺牲自己，甚至对来自他人的赞赏和认可上瘾。

作为家长不要一味地追求孩子人缘好，每次说到自己的孩子有很多朋友就很骄傲，要尊重孩子自己。有些小朋友是交友广泛的类型，很享受和大家在一起的感觉；有些孩子更希望能够独自做些什么。根据孩子自身的性格，让孩子自己做出选择。

朋友的多少能够决定一个人的社交能力吗？

A. 能

B. 不能

你的选择是 ＿＿＿＿＿＿＿＿

朋友的多少并不是衡量一个人人缘好坏的必要条件，只有自己知道自己要什么，有自己的判断，让别人需要你，别人才会更加尊重你，愿意和你做朋友。

一个人的感受力是社交力的关键，现在短视频的快节奏，让多数人开始盲目追求速度，诸多电影浓缩在 5 分钟的短视频中，大家不能放慢速度欣赏拍摄的艺术手法、体会剧中人的感情变化，甚至四季的更替似乎都会耽误剧情的观看。生活的细节不足以被勾勒，内心的情感不能够被抒发，犹如未被过滤的残渣，存在却不能言表。

3. 好的友谊是什么样子的

随着孩子的年龄逐渐增大，或早或晚会面临一些社交问题，以前担心孩子有"坏朋友"，现在孩子天天看手机、看电脑，又担心孩子"没朋友"。古代有孟母三迁,现代有择校入学,都是在帮助孩子选择适合的环境和周围的朋友,找到一个正友能够让孩子养成良好的品格,可是如果遇人不淑就会让孩子形成不良习惯,影响发展,如何识别一个朋友是不是正友呢?

小测验:细数你身边最重要的三个朋友,写下他们的名字,并写下对方最吸引你的点是什么?

序号	好友名字	吸引你的三点

这个小测验也可以让孩子一起参与,帮助家长识别孩子身边的朋友。

好的友谊是:

(1)肯定你的行为,能够有话直说。

(2)不是牺牲自己换来的,而是双方平等。

(3)感觉很舒服,不会抬高自己贬低你。

(4)很熟,但会心存感激。

(5)不会占对方便宜。

(6)彼此信任,有事儿主动帮助,没事儿不会打扰。

(7)包容你的缺点。

(8)话不多,你需要我都在。

(9)能够共同朝着好的方向成长。

(10)真心为你的好而开心。

每个人的人生如同一列行驶的火车，总有在路上或者停靠站台的时候，自然也会看到沿途风景，遇见不同的人，有些人上车，也会有些人下车。珍惜每一段旅程：有些人能陪你走到终点，愿意跟你一起欣赏沿途美景，我们应该珍惜；有些人有自己的目的地，我们方向不同，也不必强留，无关乎你的好坏，无关乎你的对错，只是对方到站了，而你还要远行，因为前方会有更多美好的人和风景在等你。

小练习

1.跟孩子一起，探讨一次事件，询问孩子的感受并制作"情绪脸谱图"。

2.跟孩子一起谈谈你儿时的朋友，包括对你影响好的或不好的。

第四节　家庭内部也需要社交力

> 来热身啦！

家庭内部也需要社交力，你认为：

A. 是

B. 不是

C. 不知道

你的选择是 _____

家庭内部也需要社交力

这一节，你最想了解的是什么？

1. 你的处理方法关系到孩子的社交能力
2. 做家务也能培养社交能力吗

1. 你的处理方法关系到孩子的社交能力

传统观念不落伍，新兴观念最科学，家庭养育中的两代人犹如武林鼎立的两大门派，各家都有独门秘诀。有朝一日，希望靠自己的一招独门秘诀，让孩子称霸武林，给对方一点颜色看看。可是现实两代人之间真的是对立的吗？作为被传授武功的下一代人，内心又会有哪些波澜呢？

强哥父母是双职工教师，而且是市重点的退休教师，从退休之后就过来帮忙带孙子，相比于很多不认识字、不能帮忙带孩子的老人，遇到强哥父母这样不仅能帮忙带孩子，还能够提供一些经济资助的父母，已然是开心至极了。可是强哥有时也是有苦说不出，孩子快3岁了，全家人想给孩子做语言启蒙。爸爸妈妈觉得孩子可以学习一些英文，看一些英文的动画片磨磨耳朵。可是二老却不这么认为，他们觉得英文没什么大用处，强烈要求让孩子看传统文化一类的动画片。强哥两口子也没强烈反对，接触传统文化也是好事。没想到父母直接将强哥和爱人准备的英文动画片全部卸载了，每天只给孩子看与传统文化相关的视频，理由是孩子不需要英文。强哥和父母沟通多次无果，最后上升到强哥不是一个爱国人士的地步。父母以不能帮忙看孩子作为最后的筹码，逼迫强哥同意。最后实在没办法，强哥和妻子两个人商量送走老人，请一个阿姨来帮忙带孩子，期待孩子能够早点上幼儿园。为此，老两口已经很久没来看孙子了。

父母那一代人有自己的成长轨迹，能够来帮忙照顾孩子是情分，不帮忙照顾孩子是本分，感恩之心要长留心中。父母帮忙带孩子，遇到养育冲突时，不要只关注冲突本身，"孩子"是整个事件的参与者和观察者，我们如何处理养育冲突，对孩子也有一定的影响。

家庭教育要有边界

父母是孩子养育的第一责任人,当我们成家后孩子是自己生的,对于孩子的养育,父母要负全责。家庭教育要有边界,就像路口的红绿灯,似乎没有之后,不受灯的控制,我们会尽快到达目的地;实则不然,如果没有红绿灯,所有的车辆会同时堵在路口,谁都想先过去,会造成交通堵塞,甚至带来更大危险。虽然红绿灯让我们等待,却也便捷了我们的生活。

樊登说:"爱的最高境界是温柔但有边界,我的态度是温柔的,我的语气是尊重的,我们知道彼此是爱着对方的,但有些事不能做就是不能做。"

乔治·戴德也在《自我边界》一书中提道:"所谓边界,就是你的事儿归你,我的事儿归我。"边界分明是一种好的修养。

老人帮忙带孩子,进入我们的生活,是一代人对另一代人的支持和帮助,我们应感激父母的付出,同时也要明确职责,一个国家不可能有两个国王,我们讲究孝顺、尊老,很多话不好意思明确表达出来,害怕说了之后就是对老人的忤逆、不孝顺,让情绪不断积压,最后造成不可挽回的后果。适时地划定边界,不仅不会造成关系破裂,还会让每个人回到自己的位置上,反而相处起来更加轻松。

发生矛盾要有沟通

发生矛盾首先把孩子放在第一位,根本没有考虑到老人的感受。当面指责老人带孩子不科学,或者老人当面护着孩子,不允许父母教育孩子,都是伤敌一千自损八百的买卖。大家的主要目标是养育好孩子,目标是一致的,家庭关系的和谐是最关键的。有调查显示：一部分孩子上课不专心听讲，跟家庭的复杂关系有关。孩子将一部分精力拿来应对父母和爷爷奶奶的关系，学习自然会受到影响。如果发生冲突，可以告诉孩子爷爷奶奶的初心以及从爷爷奶奶身上可以学到什么，父母的初心和考虑都可以告诉孩子，让孩子自己做个判断，还能够很好地让孩子学会面对不同的人，更能够辩证地看待问题，岂不是一举两得？

如果将我们每个人都比作一个充满气的气球，有气才能够随风远行，如果是一个泄了气的气球则不然。所以把关系放在第一位，让家庭成员之间给予彼此能量，而不是彼此泄气。看到每个人的优点和付出，由衷地表示感谢，让孩子在一个友爱的家庭中长大，他才不会惧怕未来的风雨。

对于孩子永远不仅仅是教育，教育也是一种关系学。

2. 做家务也能培养社交能力吗

什么样的小朋友更受大家的欢迎？可以问问自己的孩子，他最欣赏的同学都具备哪些品质？

（1）乐于助人。

（2）开朗大方。

（3）不乱发脾气。

（4）有自己的主见。

（5）总是保持微笑。

（6）做事情很自信。

（7）总有办法解决问题。

（8）干净阳光。

（9）对同学很友善。

（10）有很好的习惯。

美国哈佛大学的一些社会学家和儿童教育专家，对波士顿456名少年儿童做的长达20年的跟踪调查发现：美国小学生每日劳动的时间为1.2小时；中国小学生每日劳动的时间为0.2小时。而爱做家务的孩子与不爱做家务的孩子相比，长大后的失业率为1∶7，犯罪率为1∶10，此外，爱做家务的孩子平均收入高出20%，离异率、心理疾病患病率也较低。

早教专家冯德全曾说："会生煤炉的孩子最懂得工作的步骤，因为积累了经验、掌握了规律，他的能力在各种场合又互相迁移，而很少劳动、娇生惯养的孩子就会失去这些锻炼机会。"

自己动手做事的孩子，不仅能从劳动中掌握本领，还能感悟到父母的辛苦，有助于培养孩子的同理心，培养孩子勤劳、感恩的好品格，而这些品格将使他终身受益。

做家务迁移到做其他事情的能力，无论是对孩子的学习还是交友都有很大的作用，现在家长还认为做家务是浪费时间，不如让孩子多看一会儿书，学习好只是一个人的一面，做家务活的同时，还能够培养孩子的责任意识。学生们在学校里面就是一个小团体，如果没有责任意识，不能够帮助同学、帮助集体，很快就会被集体所抛弃。

3岁左右的小朋友，可以做一些简单易学可模仿的事情，比如，帮助大家分发碗筷，将自己的尿不湿扔到垃圾桶里，或者帮妈妈扔一些小件的垃圾。

4～6岁的孩子可以跟妈妈一起洗青菜、扔垃圾，妈妈在扫地时帮妈妈拿一下拖把，将家里人的拖鞋放在鞋柜，吃完饭将全家人的椅子推回去，等等。切忌在劳动中打击孩子的积极性，比如，孩子拖把没拿好，把地弄脏了，不要一味地埋怨孩子，要先表示感谢，再示意孩子如何做得更好。

7～8岁的孩子就可以帮忙照顾小宠物、给花草树木浇水，也可以做一些简单的饭菜。在保证孩子安全的前提下，可以使用现在专门针对儿童推出的厨房用品做做菜，也可以洗一些自己的贴身小衣物。

9～12岁的孩子，可以适当地分配一些固定的家务活：自己的房间可以自己打扫、可以学习几道拿手菜，请孩子将自己愿意做的事情做一些分工，也可以请孩子帮忙指出家长做家务时有待改进的地方，确定全家大扫除的时间，让孩子有更多的主动权，切忌唠叨和强迫，让孩子对做家务产生厌烦心理。

让孩子参与到家务劳动中，不仅能够锻炼动手能力，还能培养解决问题的能力，孩子在班集体里也能够如鱼得水，试问这样的孩子，他的同学关系又怎么会不好呢？

做家务也是一种在生活长河中的历练，更能够磨炼人的心性。

小练习

在孩子表现出主动承担家务意愿的时候，跟孩子共同制订一个大扫除时间。

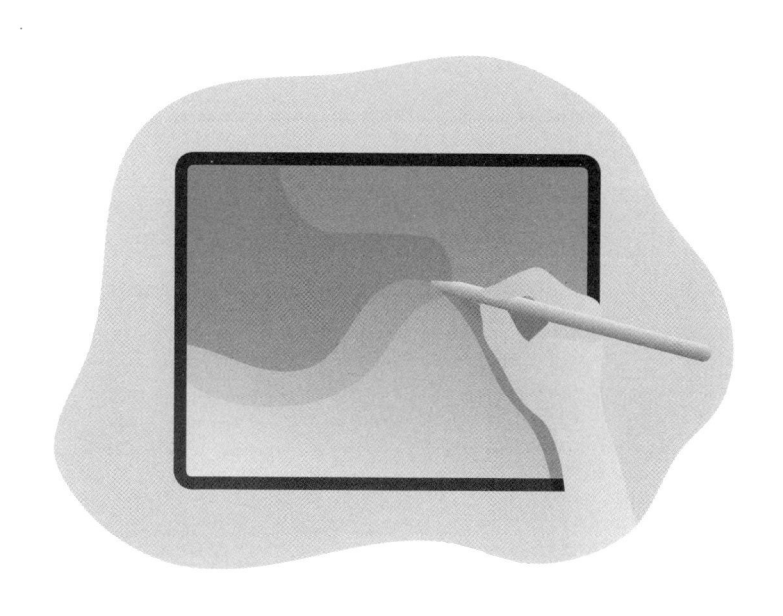

第三章
屏幕下的隔代养育

对双亲来说，家庭教育首先是自我教育。

——克鲁普斯卡娅

第一节　老人也沉迷电子产品，怎么办

来热身啦！

孩子的祖父母是否会"沉迷"电子产品，你的选择是：

A. 会

B. 不会

你的选择是 _____

老人也沉迷电子产品，怎么办
这一节，你最想了解的是什么？

1. 老人和手机到底是什么关系
2. 老人沉迷玩手机，生活一团乱怎么办
3. 觉得孩子闹，总是给孩子看电子产品怎么办

1. 老人和手机到底是什么关系

"手机能比儿孙亲",这无疑是个笑话。

张奶奶今年 78 岁,老伴几年前去世了,留下张奶奶一个人。孙辈们担心奶奶一个人在家无聊,便决定给奶奶买一个智能手机消磨一下时间。之前奶奶还有些抵触,担心自己学不会。没想到手机到手没几天,奶奶不仅没有遇到自己担心的问题,反而越玩越上瘾。有几次还由于奶奶耳聋,手机声音开得过大而被邻居投诉。由于长时间使用手机,奶奶不仅视力严重受损,手指也不是很灵活了,家里人又开始担心了。

小小今年 4 岁了,爸爸妈妈平时上班,都是奶奶帮忙照看。有一天,小小突然给妈妈唱了一首网络歌曲,着实给妈妈惊得不轻。歌词是:"怎么也飞不出花花的世界,原来我是一只酒醉的蝴蝶。"小小还略带模仿地将声音变沧桑,弄得大人哭笑不得。妈妈问小小这首歌是从哪里学来的,孩子说是跟奶奶一起看的广场舞视频,奶奶笑着说:"孙女真棒呀,比奶奶学得都快!"

智能手机普及的时代,给我们的生活带来了很多便利,比如,可以网上购物、学习、交友。但是,随之而来的烦恼也不少,新时代的产物——"银发网瘾者"已经崛起。很多老人年轻的时候为了生活奔波,文化水平有限,随着时代的发展也想追求进步。越来越多的年轻人进城工作,需要老人从老家来城里带孩子,使得老人多年生活的圈子没有了,有些老人主动一些,适应能力好,可以很快在楼下找到玩伴,下下棋、跳跳舞;有些老人则会把情感寄托在电子产品上。与其说是老人对电子产品的沉迷,不如说是电子产品陪伴了老人。年轻人正在生活的长河里奔波，可以在社会上体现价值，而老年人正在失去自己在社会上的价值。人类终其一生都是对价值感和归属感的追求，老人只不过是处在不同的人生阶段，他们依旧对新鲜事物保持好奇心，依旧对归属感和价值感有所需求。

2. 老人沉迷玩手机，生活一团乱怎么办

生活的乱，是因为手机吗？也许最初，我们就开始了错位生活。

大多数年轻人会被生活中的各种事情牵绊，工作也是一团乱麻，无暇顾及家庭，就把家庭这个后花园全权交给老人。因为在我们看来，他们是成年人，是可以为家庭出力的人，但是往往事与愿违。回到家，屋子没有收拾，孩子自己玩耍，老人却津津有味地看着电视剧；当你进门的那一刻，老人立马溜掉，把孩子给你，自己关上房门开启了"哈哈哈"的模式。这个时候我们应该怎么办？

暂停1分钟，思考一下你的答案。

现在你需要接受现实，慢慢走进老人的心里，询问其需求。这的确是一个好方法。因为我们养育孩子的共同目标是一致的，这个时候需要将心比心，只有满足老人的需求，才能够达成我们共同的目标。那么老人的需求到底是什么呢？

秦奶奶是一位不服输的家庭主妇，她的梦想是可以站在舞台

上展现自己。小的时候家庭条件不好，结婚后忙于生活，退休后接触到了网络，她发现原来展示自己也可以很容易。刚开始羞于表达，但是看到网络上有很多老姐妹自信地表现自己，慢慢地秦奶奶也就放开了，她经常挂在嘴边的一句话是，我要为自己而活。

通过秦奶奶的故事我们可以发现，老人"沉迷"网络是有自己的内心诉求的，所以一味地围追堵截，不仅不能解决问题，反而会让家庭氛围变得更加糟糕。不要求感同身受，最起码做到彼此尊重，给到彼此做自己的空间。

有一位单身女子刚搬了家，她发现隔壁住了一户"穷人家"，一个单身妈妈和两个小孩子。一天晚上，忽然停电了，她只好点起蜡烛。没一会儿，忽然听到有人敲门。

原来是隔壁邻居的小孩子，只见他紧张地问："阿姨，请问你家有蜡烛吗？"女子心想：他们家竟穷到连蜡烛都没有吗？千万别借，免得被他们赖上了！于是，对孩子吼了一声说："没有！"正当她准备关门时，小孩露出关心的笑容说："我就知道你家一定没有。"说完，竟从怀里拿出两根蜡烛，说："妈妈和我怕你一个人住，停电了会害怕。所以让我给你送两根蜡烛。"

上述事例说明，凡事看问题的角度，不能只从主观意愿出发，我们不能觉得老人看手机就是不照顾家庭、不帮忙。

那么，当老人沉迷手机时，我们应该怎么做呢？

第一步：多陪老人聊聊天，看到老人的需求，关心一下他们在网络里收获了什么？相比于网络世界的陪伴，他们真正需要的是一家人的天伦之乐。

第二步：给老人"布置任务"，让老人有参与感。其实，老人是很乐意在家庭里承担责任的。大家回想一下，老人是不是经常给我们讲他们当年是如何优秀，自己的经历是多么丰富，无外乎是想证明自己很有用。别看老人嘴上说：我们老了，你们决定吧。其实真实的想法是：你们如果可以跟我商量一下，我会更加开心。

3. 觉得孩子闹，总是给孩子看电子产品怎么办

小慧今年1岁，是家里的妹妹，还有一个3岁的哥哥球球，两个孩子都没有到上幼儿园的年纪。由于爸爸妈妈平时要上班，所以请爷爷奶奶从老家过来帮忙带孩子。有一天，妈妈下班回到家，看到爷爷一边给哥哥喂饭一边看着动画片，爷爷一勺一勺地喂，哥哥一口一口机械性地嚼着。妹妹则被奶奶放到学步车里，学步车上还放着一部手机，妹妹一边骑着学步车满地溜达，一边目不转睛地盯着手机屏幕，奶奶还寸步不离地拿着勺子一直喂饭。

李奶奶在楼下遛弯儿，刚巧碰到老邻居张奶奶，两个老姐妹想聊一会儿，可张奶奶的小孙子一直催促奶奶快点走，于是张奶奶跟孩子说："你拿着我的手机去旁边看会儿动画片吧！"小孙子高高兴兴地拿着手机就去旁边了，两个老姐妹也能踏踏实实地聊会儿天了。

电子产品成了老人"驯服"孩子最得力的工具：不吃饭给手机看、不听话给手机看、不安静给电视看。眼前问题是解决了，但是后患无穷。

那么如何解决呢？

站在老人的角度看问题

如果跟老人正面冲突，不仅解决不了问题，还会产生误会，不如借用别人家的案例来解决自己家的问题。当我们跟老人说了无数遍不要给孩子看手机，都不管用时，你有没有想过为什么不管用，老人是不知道如何做还是不愿意做呢？可以跟老人探讨同事家里的事情，听听老人的看法。以第三视角看待问题时，会将问题看得比较透。

说教不如你来做

身教大于言传，无师自通。现在很多家庭也强调要减少说教，以身作则，和老人的相处亦是如此。我们经常告诉老人，别给孩子看电视，可是我们想放松的时候，也会主动给孩子打开电视；当我们告诉老人不能给孩子吃冰激凌的时候，在自己不自觉打开冰箱的时候也会给孩子拿上一盒。我们如何对待孩子，老人也在默默观察，如果我们的方法真实有效，他们又何乐而不为呢？

在线下家长课堂里有一个经典的活动叫作"照我说的做"。老师会给大家发出一个指令：请把你的右手放到额头上。而此时老师却将右手放到了脸蛋上，在座的学员觉得纳闷，怎么说的和做的不一样呢？在现实生活中，我们又何尝不是做和说不一样呢？当我们看到老人总是使用电子产品来诱惑孩子，与其说教，不如自己亲身示范，如何不使用电子产品也能让孩子配合，久而久之，老人会有样学样地照做，而不需要磨破嘴皮。

高科技产品来助力

现在的电子产品非常智能，是可以定时的，也可以设置青少年模式。孩子和老人在家里不是不可以看电视，我们可以设置一个可接受的时间,到时间自动关机。时间长了,老人和孩子也就形成了习惯。

方法的背后是看见,看见初心、看见付出、看见诉求。

小练习

1. 制订全家人 10 分钟的餐桌主题,并确定主持人。

2. 确立家庭老人放假日,这一天,父母独立带孩子,给老人放假,并形成固定日期。

第二节 老人带娃,手机来"帮忙"

> **来热身啦!**

老人帮忙带孩子,总是给孩子看手机或是看电视的原因是(可多选):

A. 老人就是不想带孩子

B. 老人可能是想休息或是做点其他事情,于是让电子产品帮忙

C. 孩子吵闹,不知道该如何解决,只能求助电子产品

你的选择是 _____

老人带娃,手机来帮忙
这一节,你最想了解的是什么?

1. 家长上班,孩子线上学习由老人帮忙照看,该怎么办
2. 看不惯老人的做法,发生冲突怎么办

1. 家长上班，孩子线上学习由老人帮忙照看，该怎么办

豆豆和苗苗从小跟爸爸、妈妈、姥姥、姥爷住在一起，全家人相处得很融洽，直到上学后的第一个假期。爸爸妈妈需要上班，最让全家人头疼的不是给孩子做一日三餐，也不是两个姐妹在一起的打闹，而是姐妹两个都需要线上学习并且完成假期作业。现在孩子们的线上学习是非常丰富的，一会儿思维课，一会儿英语课，还有各种体能课，偶尔还需要全家人一起排练节目，这可给老人急坏了。姥姥姥爷都是退休教师，遇到自己会的语文和算术题，那可是非常尽职尽责。有时老师刚一说出问题，孩子迟疑了一下没有马上回答，老人就赶紧捅孩子："赶紧回答啊，这题不会吗？"有时低龄孩子线上学习不能完全集中注意力，吃喝玩乐都是插曲，老人是坚决不允许的。他们认为，孩子笔直地坐在桌子旁边，秒回老师的问题才是一个学生该有的样子。可是事与愿违，祖孙的矛盾愈演愈烈。孩子着急地哇哇哭，老人气得脑袋嗡嗡疼。爸爸妈妈回到家里看到的是焦急的老人和挫败的孩子，瞬间血都冲到脑袋里去了。

由老人照看孩子线上学习，你该怎么办呢？

肯定初心，万事易

老人帮忙照看孩子线上学习，是希望孩子

A. 好

B. 不好

你的选择是 _____

线上学习对于现在的父母是一个新鲜事物，对于老一代更是闻

所未闻，将隔代人关在一个屋子里，中间还增加了"线上学习"这个拦路虎，无疑是一个大挑战。

老人背井离乡来到我们居住的城市，帮忙带孙子，初心是毋庸置疑的，他们比任何人都希望我们过得好，所以他们正在用自己所能想到的方式帮助我们减轻负担。面对隔辈人的线上学习，想必很多老人也是尽自己所能。

隔代带娃的老人基本有五种观点：

（1）新潮型：不是不愿意帮忙带孩子，只是认为只有子女亲自养育自己的孩子，才能体会到做父母有多么不容易，对孩子的成长也更好。

（2）矛盾型：觉得自己每天带着孩子没有自由，心里特别不愿意，觉得自己被道德和情感绑架了，但是不好意思对自己的子女开口。

（3）时尚型：不愿意帮忙带孩子，认为自己没有这个义务，想享受自由的退休生活。

（4）传统型：很愿意带孩子，既可以帮子女减轻压力，又可以打发退休后的无聊时间，享受天伦之乐。

（5）需求型：丝毫不觉得带孩子累，就怕孩子和自己不亲，怕孩子长大后对自己只有一个称呼没有感情，认为孩子必须要由自己带。

如果遇到愿意帮助我们的老人，要懂得感恩，肯定初心。

你家的老人是什么类型？

养育分开，各自安

时代的不同让我们与老人有很大的认知分歧，很多年轻人开始用"你不懂就别管"来回应老人,一旦遇到问题又觉得老人没尽到责任。教育孩子是父母应尽的责任,平时工作忙,可以设置日常管理表,老人负责力所能及的生活照料工作。

心理学上有一个很有意思的概念:看门人情结。就是说所有照顾孩子的人,无论爷爷奶奶、姥姥姥爷,还是爸爸妈妈,甚至是家里的阿姨,都会不自觉地产生竞争和排他的情绪。养育中的一方都试图给孩子他自己认为的最好照料,同时坚定不移地相信他做的是最好的。这是一种人类在生物进化过程中自然形成的认知。"看门人情结"有好的一面,可以让孩子从每一位照顾者身上得到最优的照顾;也有不好的一面,就是否定对方的付出和能力。所以作为孩子的养育人,我们要做好定位和分工,让每个人都发挥自己的所长,并且看到对方的付出。

2. 看不惯老人的做法,发生冲突怎么办

关于给孩子看电视、看手机这种老生常谈的话题,想必每个家庭每天都在谈论。现在的年轻人白天要工作,有些工作还需要加班到很晚,养育孩子的责任不得已移交到了老人的身上。晶晶的女儿5岁了,白天爸爸妈妈上班,爷爷奶奶带孩子。由于老人年龄大了,不擅长娱乐,更加不擅长教育,每天不是带着孩子看电视就是玩手机,晶晶也跟公婆沟通过好几次,结果都是不欢而散。有一次因为孩子总看电视,妈妈叫孩子吃饭,叫了很多次孩子都无动于衷,晶晶生气地说:"每天就知道看电视,说了多少次也不听,总有一天眼睛瞎了。"眼瞅着话说得越来越难听,孩子奶奶实在受不了了,就跟晶晶说:"看不惯我们带孩子,你们自己带吧,我们省

得费力不讨好！"就这样，老人回了老家，晶晶不得已请了远房的表姐来帮忙带孩子，但换汤不换药，问题并没有得到真正的解决。

"55387法则"记在心间

美国心理学家和传播学家艾伯特·梅拉比安提出：人际沟通的效果是 55% + 38% + 7%=100%，即 55% 是沟通中的态度，包括动作、表情；38% 是讲话时的语气；7% 是说话的内容。

也就是说，人际沟通的效果 55% 是由态度、肢体语言和面部表情决定的；38% 是由语气、语音、语调决定的；只有 7% 来自我们说话内容的本身。

"55387"法则

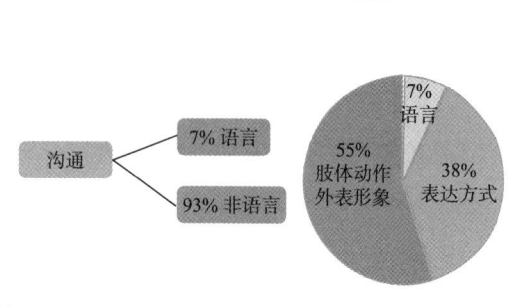

沟通 — 7% 语言
沟通 — 93% 非语言

7% 语言
55% 肢体动作 外表形象
38% 表达方式

大多数人会关注自己说话的内容，很少考虑语气、语调和肢体语言等非语言类信息。

设想一下：一个人的眼皮和嘴角下压，跟你说："你今天做的饭可真好吃。"你会相信对方是真心夸赞你吗？

A. 会

B. 不会

你的选择是 _____

本来是希望通过沟通达成一致，让事情进展得更加顺利，没想到事与愿违，让大家互相误会。语言本身具有一定的争议性，你有没有一瞬间觉得，自己想表达的事情，当用语言总结出来的时候，跟你的本意大相径庭？

A. 有

B. 没有

你的选择是 _____

外来的和尚好念经

为什么"外来的和尚好念经"呢？外来的和尚会有认知差，当大家存在认知差的时候就会激发好奇心，好奇心驱使我们会认真地听取对方的表达。亲人之间的表达不起作用，不是因为我们表达的观点不对、对方不予接受，而是因为对方根本没有认真地聆听我们所说的内容，所以借助他人的语言会让老人更加容易信服。比如，给孩子少买点心一类的食物，老人怎么都不听，觉得面包店营业就代表食品没有问题，一旦专家则表示婴幼儿过度摄入糖分会抑制大脑发育，老人立刻就听从了。

父母之爱子，则为之计深远。意思是作为父母疼爱孩子，就要为他们做长远的打算，不能只看眼前利益。我们的父母不仅为了我们这一代呕心沥血，还鞠躬尽瘁地为了我们的下一代操劳。诚然在生活中，会有诸多的不满意，但满怀一颗感恩之心，为孩子做个好榜样，善用一些沟通方法，会让我们的生活更加和谐美满。

小练习

1. "55387 法则"实践表,给自己打分。

事件	55%(肢体语言)	38%(语气语调)	7%(内容本身)
沟通孩子日常饮食			
衣服是否分开洗			
不喂饭,让孩子独立吃			
看手机时长问题			

2. 养育分开,日常管理表。

时间	饮食	语文	数学	英语	其他
5月26日	爷爷	姥姥帮忙听写	爸爸	妈妈	
6月2日	奶奶	妈妈负责检查作业	爸爸	爸爸	

3. 感恩父母的付出,教会孩子古诗《游子吟》。

游子吟

孟郊

慈母手中线,游子身上衣。

临行密密缝,意恐迟迟归。

谁言寸草心,报得三春晖。

第三节　老人带娃轻信网络养生，不相信我怎么办

> 来热身啦！

你家老人是否会相信网络专家大于相信你？

A. 会

B. 不会

你的选择是 ＿＿＿＿＿＿

> 老人带娃轻信网络养生，不相信我怎么办
> 这一节，你最想了解的是什么

1. 老人轻信网络内容，上当受骗怎么办
2. 网络养生，给孩子的"营养搭配"真的健康吗

1. 老人轻信网络内容，上当受骗怎么办

张爷爷是一个赶时髦的老头儿，退休后就来儿子家帮忙带孙子。年近70岁却从来没觉得自己是老年人，经常挂在嘴边的是：网络购物我比你们年轻人都熟练。事实也确实如此，儿媳妇在网上购买了残次品需要退换，不知道该怎么操作，还是张爷爷帮忙解决的。在短视频购物的时代，张爷爷自然也不能落伍，每天不停地刷着短视频，家里的快递也没断过。最近家里的瓜果蔬菜越来越多，之前的还没有吃完，下一批就已经送到家了。家里人很是纳闷，为什么一下子买这么多？听了张爷爷的解释才发现，张爷爷刷视频刷到了一个助农账号，一群可怜的农民伯伯，头顶太阳，脚踩黄土，恳求大家多多支持家乡的果蔬。在一声声的恳求下，张爷爷觉得农民很是不容易，今天大爷推销西瓜买一个，明天大婶推销土豆买一筐，就在大爷大婶夜以继日的努力下，张爷爷家也快成了菜市场。

丽丽和老公是河北人，由于常年在北京打拼，就把婆婆接来帮忙带孩子。初来北京的时候，全家去车站接老人，没想到老人一出站台就疯狂拍照，说是要编辑视频发布到网上。丽丽和老公还觉得婆婆挺赶时髦，也由衷地为老人找到生活的乐趣而感到开心。接下来的日子，婆婆总是跟老家的人视频，常常带她去到哪个地方，就拿出手机不停拍照，发给老家的伙伴们，分享她在北京的生活，自己也是乐在其中。有一天，老家的一个伙伴告诉婆婆，他们在老家拍短视频还赚钱了，一个视频如果有浏览量，获赞多，并且保证浏览的时长就可以获得红包返现奖励，于是婆婆一门心思地搞起了她的短视频事业，一度忘记了自己是来帮忙带孙子的。本来孙子是一

个活泼好动、表达欲很强的宝宝,但是由于奶奶每天沉迷于自己的网络事业,不怎么带孩子下楼玩,也经常忘记给孩子做饭的时间。过了一段时间,丽丽发现宝宝不仅没长高,而且也不主动跟小朋友们玩耍了。夫妻俩多次找婆婆聊这个问题都无果,婆婆还振振有词地说是为了不让他们太辛苦,自己也想赚点钱。最后一家人不欢而散,婆婆回到了老家,丽丽也只能辞职在家照顾宝宝。

网络上的花样千千万,受骗的总是老人,不知道这是多少家庭的真实写照。有的时候年轻人都很费解,明眼人都看出来这是一个骗局,为什么老人就是无动于衷,一次、两次、三四次地在同一件事情上栽跟头。

如果你的长辈总是轻信网络,你会怎么办?

A. 大发脾气

B. 苦口婆心地劝说

C. 随他吧,受骗多了自然就明白了

你的选择是 _____

老人轻信网络,我们到底应该怎么办?

找对按钮,电路自通

年轻人要利用好"同理心"这个按钮,同理父母的生长环境、受教育程度。很多老人学历不高,从小也没接触过大的社会环境,如果不是孩子在大城市扎根,也许这一辈子都不会走出村庄。当年他们生活的环境很单纯,受的教育也很淳朴,一时间网络给他们创造了一个新奇的世界,判断能力跟不上是可以理解的。

我们要将心比心,让老人在异乡感受到来自子女的关注。老人也会犯错误，但是不希望子女提出来，而且老人还会多少保留一些传统思想，"我是长辈，不允许你们撼动我的地位"，老人也在逐渐丧失的价值感里迷失自我，一方面觉得来帮忙看孩子是自己作为老人应该做的，另一方面又有寄居儿女屋檐下的苦恼。如果我们不能及时同理老人，很有可能电子产品就成了我们隔代养育最大的障碍，我们需要帮助老人树立正确的网络价值观。

旁敲侧击，常用常新

很多老人明知故犯是年轻人最不能忍受的，前脚说完网络上有很多骗子，后脚老人就又做了同样的事情。老人也需要定期提醒，否则就会忘记，可以专门把反面案例讲给老人听。而且我们要时刻谨记维护老人的尊严，你可以请另一半帮忙，夫妻二人可以针对网络问题进行辩论争执。老人是最不希望家里发生争吵的，当主要矛盾不是针对老人，老人自然会站出来维护家庭和平，进而让老人了解网络上的风险。

2. 网络养生，给孩子的"营养搭配"真的健康吗

敦敦奶奶是一个很重视健康的老人，她在一些营销号上听专家说吃粗粮对身体好，自此便深信不疑。全家人是顿顿吃粗粮，说是黑豆可以治疗入睡困难，就逼着孩子爸爸天天吃黑豆。奶奶对小孙女的健康更是格外关注，经常从网络上学习一些长高的秘方。专家说多吃鸡蛋能让孩子长高，所以奶奶就开始做各种鸡蛋美食：鸡蛋羹、鸡蛋饼、煮鸡蛋、鸡蛋面。直到有一天敦敦实在受不了了，告诉奶奶自己看到鸡蛋就想吐。

现在很多网络营销号设计得很精良，会有很多对比手段，比

如，孩子不爱吃饭，吃了我们家的这个营养品可以促进吸收，孩子每顿饭可以吃3碗，点击下方链接即可购买。奶奶就会立马下单，并严格按照推荐的使用方法食用，等爸爸妈妈发现的时候，孩子已经吃了大半瓶，一问奶奶才知道，不到10块钱的东西，连样品一共加起来也得有10件，爸爸妈妈感到疑惑，这到底是什么儿童保健品？

很多机构借着老年人的健康问题大肆做文章，有时候不仅是老人无法识别，就连年轻人也很是苦恼，也会在自己的认知圈层里迷失，也会选择自己愿意相信的文章进行阅读，所以一家人在一起互通有无就显得非常重要。

首先，全家人要利用好饭桌上的10分钟，将最近自己在网络上看到的新闻跟家人分享，大家也可以表达自己的看法，多多询问父母最近在关注什么问题。

其次，安排定期体检，父母对自己的身体是很在意的，都希望多陪伴子女一些日子，又为了省钱，所以才会存在侥幸心理被网上的视频所欺骗。作为子女，我们需要将正确的养生观点传达给父母，让父母安心地度过晚年，只要他们身体健康就是我们最大的福气。

家有一老如有一宝，大家知道下半句是什么吗？家有一老如有一"贼"，这里的"贼"不是偷盗的意思，而是指不明事理，总是给子女添麻烦的老人。无论哪种老人，我们终归也会有老去的一天，今天我们对待老人的方式，就是明天子女对待我们的方式，不要因为时代的变化而淡漠了我们与老人的亲情。网络是个大染缸，没有人能够做到独善其身。一家人是一个整体，所以作为承上启下的年轻人需要担负起对老人和孩子的"教育"责任，用实际行动去影响他们。

小练习

1. 询问老人 3 个他们最关心的身体健康方面的问题以及他们的解决方案。

最关心的身体健康问题	解决方案

2. 请老人帮忙制作一个关于全家人的视频，后续跟进执行，并找出视频的 3 个亮点并予以鼓励。

第四节　老人看似听了，却依然我行我素怎么办

来热身啦！

跟老人沟通过很多次，看似听懂了，但每次又不照做，你认为老人

A. 就是故意的，不想做好

B. 不认同我们的观点，敷衍了事

C. 想做好，苦于方法不得当

你的选择是 ＿＿＿＿＿＿

老人看似听了，却依然我行我素怎么办
这一节，你最想了解的是什么？

1. 总是惯着孩子，干涉父母管孩子怎么办
2. 说了很多遍，还总是打扰孩子怎么办

1. 总是惯着孩子，干涉父母管孩子怎么办

一个顺口溜是这样说的："妈妈生，外婆养，爸爸回家就上网，外公天天菜市场，爷爷奶奶来欣赏。"由于年轻的父母工作忙，没时间照顾孩子，所以很多养育工作不得已交给上一辈人来帮忙。父母帮忙带孩子，给年轻的爸妈减轻了不少负担，随之而来也会出现诸多问题。

小静说："我自己也许是个意外，而我女儿才是他们二老的真爱。"为什么这么说呢？小静有一个 7 岁的女儿，每天放学回来作业不写，晚饭不吃，进门第一件事就是看电视，好几次没写完作业就睡觉了。早晨起来孩子有起床气，姥姥就会第一时间将手机拿给孩子，看一段自己喜欢的动画片才起床。有一段时间，公司安排居家办公，小静才发现孩子的这些坏习惯。她明确告诉女儿，每天回来要先写作业，而女儿却说姥姥允许她先看电视。最生气的是，老人和孩子一起"提防"着妈妈，琢磨着妈妈快下班的时候，赶紧把电视机关掉。

还有一次，小静和老公由于孩子没按时完成作业，正在教育孩子时，姥姥姥爷过来就是一顿指责，说他们自己也不过只是一个大专生，何必要逼孩子，孩子将来他们可以养，房子还是二老的名字，如果再这样就让他们两口子搬出去。当然这只是气话，但孩子却全部看在了眼里，感觉到自己有了靠山。

当孩子感知到一家人的意见不统一时，就会耍小心思，在家庭成员之间钻空子。我们不否认老人付出的真心，而且老人给到孩子的爱是更加深沉和厚重的，我记得《寻梦环游记》里的主人公和太

奶奶的感情让人落泪。隔代亲永远都是无可厚非的，但是统一思想很必要，就像一支军队有两个将军，这场战役可想而知必定战败。为了让孩子更好地成长，全家人就必须步调一致。

切忌正面冲突

当老人和我们遇到养育问题的时候，最忌讳的就是双方各持己见，谁也不让谁。家不是讲理的地方，是讲情的地方。关于养育孩子，肯定老人的初心最关键。正面冲突不仅解决不了问题，还能让情绪这个拦路虎坏事，不知道会说出什么伤人的话语，对于解决问题而言于事无补。

善用家庭会议

一听会议，是不是就感觉上纲上线，这是又要批评谁？我们这里说的家庭会议是一个情感链接的场域。平时大家都很忙碌，很少有时间坐下来听听彼此的心声，更倾向于立马解决，可往往物极必反，欲速则不达。专门拿出时间来，一家人坐在一起聊一聊。家庭会议的时间要尽量短，不要太冗长，一般在15～25分钟。制订一个发言规则，不要大家一起发言，这样秩序会混乱。家庭会议的目的不是指责，而是感谢，并且不是将近期的伤疤拿出来，而是探讨一些近期有趣的事情或者想要进行的娱乐项目。

具体流程如下。

（1）选出一个主持人，介绍本次家庭会议的内容以及规则。

（2）感谢每一位家庭成员：感谢＿＿＿＿＿＿在本周为我做了＿＿＿＿＿＿。

（3）邀请一位家庭成员将会议议程记录下来。

（4）提出解决方案，而非指责。

（5）大家投票选择一个方案。

（6）进行结束游戏。

不断精进、改正，切记没有指责，在大家逐渐统一思想以后，可以将一些可被量化的问题拿到会议上，开始还是需要先感谢，真心地感谢每一位家庭成员的付出和努力。

2. 说了很多遍，还总是打扰孩子怎么办

现在很多孩子上课不专心，做事情三心二意，家长逐渐地意识到，孩子的专注力是需要培养的。当孩子专注地做事情时不要打扰，可是最让人头疼的是老人根本不管这一套。

8岁的俊俊多次被老师点名说上课不专心，家长为此还专门买了训练专注力的书籍，让孩子训练。一段时间后，发现效果甚微，父母这才开始关注孩子的学习，发现孩子在家学习时，老人总是以各种理由过来给孩子送吃的喝的；孩子在画画，刚投入进来一会儿，就被喊过去吃水果；孩子刚开始认真地看会儿电视，老人就在旁边开始唠叨，作业还没写完；当孩子认真地学习时，爷爷遇到搞笑的视频，又拿过来给孩子看，就在这样周而复始的生活里结束了一天。一天下来，发现祖孙关系变得紧张，孩子内心也是很烦躁，自己该干的事情没做成，没有成就感。发现问题的爸爸告诉爷爷奶奶，不要总是打扰孩子，苦口婆心地讲孩子的专注力不好就会影响学习，老人却也总是有理，坚持己见，觉得孩子学习很长时间了，需要补充能量；看电视时间不能太长，作业还没有写完；刚好水果洗出来了，正新鲜，给孩子吃一口怎么了，一会儿再接着画呗。反正老人总是有他们看问题的角度，一时之间竟不知道该如何是好。

到底怎么跟老人沟通，他们才会听呢？

孩子开口，老人铭记

跟老人说了很多遍，不要打扰孩子，可是老人就是记不住。总是提醒老人又觉得很不礼貌，毕竟他们是我们的长辈。老人自己嘴上也会说自己一定注意，却控制不了自己，不由自主地去打扰孩子。老人绝对不是故意的。即便孩子的父母一直跟老人沟通，老人也会觉得事情没那么严重，孩子其实是这件事情的当事人，可以请孩子自己主动跟老人讲："奶奶，我正在写作业，现在不吃水果，谢谢！"写完作业后，可以请孩子和老人约法三章："奶奶，我学习的时候不吃东西，您和爷爷先吃，结束之后我会主动过来吃，谢谢奶奶。"在孩子稚嫩的声音中、呆萌的眼神里，老人不仅不会生气，还会觉得自己的孙子太懂事了，心中暖暖的，一定会牢牢地记住，尽量不打扰孩子。

抓大放小，亲自证明

时时提醒，不仅会让老人反感，还会破坏关系，但为什么每个人都特别愿意给别人提建议，试图去改变对方呢？鲁迅先生曾经说过："改造自己，总比禁止别人来得难。"在养育孩子的路上，为人父母要做的就是以身作则。当我们做的事情有效果时，自己的父母自然会去效仿。生活中有很多点滴小事，如果年轻一代的父母事无巨细地操心，不仅消耗精力，而且会让长辈觉得自己处处受限制，那我们就应该学会抓大放小。

有一则故事是这样的：在一个山谷的禅房里有一位老禅师，他发现自己有一个徒弟非常勤奋，不管是去化缘，还是去厨房洗菜，这个徒弟从早到晚，忙碌不停。

其实小徒弟内心很挣扎，他的眼圈越来越黑，终于，他忍不住来找师父。

他对老禅师说：师父，我很累，可也没见取得什么成就，是什么原因呢？

老禅师沉思了片刻说："你把平常化缘的钵拿过来。"小徒弟就把那个钵取来了。老禅师说："好，把它放在这里吧，你再去给我拿几个核桃过来装满。"小徒弟不知道师父的用意，捧了一堆核桃进来。这十来个核桃一放到钵里，整个钵就都装满了。老禅师问小徒弟："你还能拿更多的核桃往钵里放吗？"小徒弟说："拿不了了，这钵已经满了，再放核桃进去就该滚出来了。"老禅师说："哦，钵已经满了是吗？你再捧些大米过来。"

小徒弟又捧来一些大米，沿着核桃的缝隙把大米倒进钵里，竟然又放了很多大米进去，一直放到大米开始往外掉了，小徒弟才停了下来，突然间好像有所悟："哦，原来钵刚才还没有满。"

"那现在满了吗？"

"现在满了。"

"你再去取些水来。"

小徒弟又去拿水，他拿了一瓢水往钵里倒，在少半碗水倒进去之后，这次连缝隙都被填满了。

老禅师问小徒弟："这次满了吗？"

小徒弟看着钵满了，但却不敢回答，他不知道师父是不是还能放进去东西。

老禅师笑着说："你再去拿一勺盐过来。"

老禅师又把盐化在水里，水一点儿都没溢出来。

小徒弟似有所悟。老禅师问他："这说明了什么呢？"

小徒弟说："我知道了，这说明了时间只要挤挤总是会有的。"

老禅师却笑着摇了摇头，说："这并不是我想要告诉你的。"

接着老禅师又把钵里的那些东西倒回到盆里，腾出了一只空钵。

老禅师缓缓地操作，边倒边说："刚才我们先放的是核桃，现在我们倒着来，看看会怎么样？"

老禅师先放了一勺盐，再往里倒水，倒满之后，当再往钵里放大米的时候，水已经开始往外溢了。而当钵里装满了大米的时候，老禅师问小徒弟："你看，现在钵里还能放得下核桃吗？"

老禅师说："如果你的生命是一只钵，当钵中全都是这些大米般细小的事情时，你的那些大核桃又怎么放得进去呢？"

小徒弟这下彻底明白了。

故事讲完了，大家是否有所感悟？养育孩子的路上也会有很多大米、盐巴、水，甚至更多看不见的东西。作为父母，我们是孩子养育过程的总司令，老人只是过来帮忙，所以我们要懂得抓大放小，想一想生活中自己认为在养育孩子的过程中哪些是大事，选出最重要的 5 件事做个排序吧。

1. _____
2. _____
3. _____
4. _____
5. _____

嘴离心脏有点远,不如跟大脑亲近。大脑会理性地做出决策,心脏却总是感性地凭借直觉。感受、感觉是一种觉知,是一种认为,往往看不见摸不着,却总是决定着事情的走向。世间并无隔代亲,只不过是老人在用他们的方式"弥补"你小时候没有得到的东西,只是我们大家都不自知罢了。所以应该让"心"多去感知这份"亲情"。

小练习

1. 记录自己和父母正面冲突的时间、原因以及反思。

时间	原因	反思

2. 召开一次家庭会议,并利用表格记录下来。

会议纪要

年第　　次

记录人	
会议内容	

3. 抓大放小,将本周养育过程中的事情排序,将养育项目化,

给到每个人自我发挥的空间。

人员分工表

学习	衣着	卫生	课外班接送

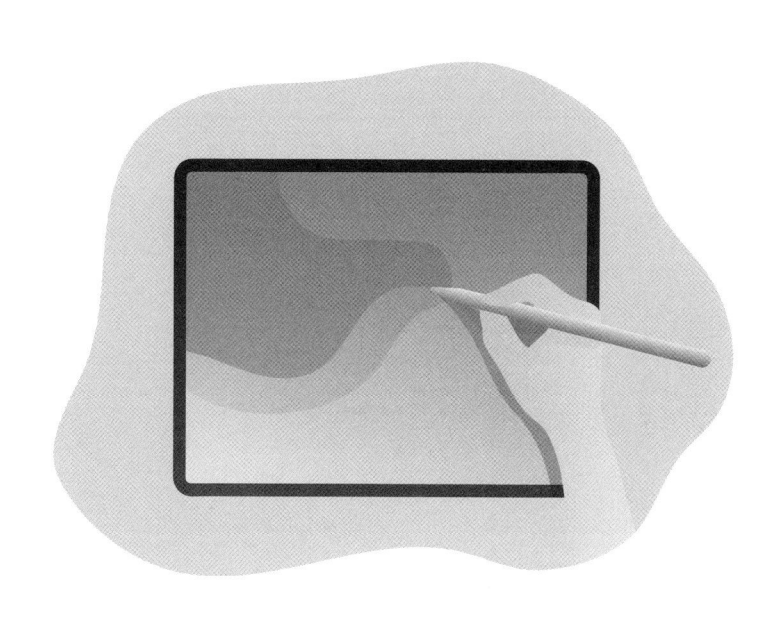

第 四 章
屏幕下的安全意识

在薄冰上滑行,速度就是安全。

——爱默生

第一节　无孔不入的"催眠",你的孩子中招了吗

来热身啦!

现在几乎人手一部手机,家长到底可不可以放心地将手机交给孩子一个人拿着看?

A. 可以

B. 不可以

你的选择是 _____

> 无孔不入的"催眠",你的孩子中招了吗
> 这一节,你最想了解的是什么?

1. 给孩子看手机需要进行内容筛选
2. 如何给孩子建立健康的电子产品接触模式
3. 网络用语需要家长关注吗

1. 给孩子看手机需要进行内容筛选

给孩子手机,并不是单纯给了他一个 6 寸的世界,我们有义务守护好手机背后的大世界。

豆豆是幼儿园小班的小朋友,暑假期间妈妈给豆豆和哥哥分别报了线上学习的兴趣课程。妈妈把一台电脑给豆豆使用,一台给哥哥使用。哥哥的作业需要家长把关,所以豆豆一个人跟着老师上幼儿园的线上课程。在一次上线上课程时,妈妈突然听到隔壁屋子里传来了豆豆的哭声,赶忙跑过去看发生了什么?一看吓一跳,电脑屏幕上出现了一款暴力游戏,一群人正在血腥地厮杀,很多人的头颅都被砍掉了,而且伴随着恐怖的音乐,妈妈赶紧将电脑屏幕关闭。后来才知道这是一款游戏的广告。因为豆豆一个人在线上学习,游戏广告弹窗,不小心点到打开键,所以一场闹剧就此发生了。很长一段时间,豆豆都不敢再独自一个人上网了,妈妈也感到很自责和恐怖,却不知道该如何处理,后来找了懂得安装杀毒软件的朋友帮忙对电脑进行了清理,但还是心有余悸。

网络的普及,使得孩子在网络世界里学习到了很多知识,包括一些生僻字,但是很多广告为了搞谐音梗,将很多成语改得面目全非。比如,很多驱蚊广告为了蹭"默默无闻"的辨识度将这四个字改成"默默无蚊";饮料广告将"赫赫有名"改成"喝喝有名"等。这样的更改借用了用户熟悉的心智,小朋友们却不明所以,认为成语本来就是这样写。每次考试时,小朋友往往因此而丢掉分数。

作为父母在享受网络带来便利的同时,小朋友的网络安全维护工作也需要放在心上。现在随处可见未成年的孩子独自一个人拿着手机浏览，家长也能够清闲一会儿，孩子不吵不闹，猛然想起来去看孩子，才发现他已经从刚才看的动画片跳到了妇女在街头吵架的画面。所以为了一劳永逸，我们干脆不给孩子看手机，结果却很难执行下去。周围的小朋友都拿着手机，父母有时实在是太累了无暇看管小朋友，最终不得已手机又回到小朋友的手中。

我就被女儿无情地质问过。由于自己一个人在家带孩子，实在太累了，而且自己也想去将剩余的几件衣服洗掉，所以就跟孩子说："要不你看一会儿电视吧。"孩子说："妈妈，你听说过吗？有一个妈妈明明知道看电视对孩子眼睛不好，还大晚上让孩子看电视？"当时我也真的是哑口无言，现实生活中就是会有很多的瞬间，想让电视或者手机做一会儿电子保姆让我休息一下，又担心孩子会看到不该看到的东西，所以提前进行内容筛选显得非常重要。现在很多软件都有未成年人模式，电视也有儿童模式，且能够进行定时，家长可以提前熟悉一下软件，调成未成年人模式。

身边有一位爸爸为了保证孩子网络浏览安全，专门制作了一个专属于孩子的搜索软件，家长会将孩子近期比较感兴趣的内容提前下载到浏览器里，孩子就可以毫无顾忌地在安全的网络世界里遨游。诚然，不是所有父母都能够这么专业地建立浏览器，我们可以用自己擅长的方式给孩子进行内容筛选。即使自己没有专业的网络知识，心中还是要有内容筛选的意识，做一个用心、有心的陪伴者。

2. 如何给孩子建立健康的电子产品接触模式

带女儿去姑妈家做客，结果刚一进门就听到姑妈在训斥小表哥:"不让你看电视、看手机就是不听,这下好了,眼睛近视成这样,看你以后怎么办?"小表哥听了这话立刻反驳道:"我每天只能玩一个小时手机!一定是每天看书我才近视的!"母子俩你一言我一语地争吵不休,视力却再也恢复不了了。在数字时代,确实躲不过接触电子产品,那么如何让孩子建立健康的电子产品接触模式呢?

先筛选再选择

给孩子使用的电子产品必须经过筛选,包括电子产品的质量和观看的内容两个方面。现在市面上很多厂家打着开发孩子智力、培养孩子语感、开拓孩子思维等旗号,混淆家长的视听。很多产品画面不清晰、声音嘈杂,不仅不能起到启蒙的作用,还使孩子的视力和听力严重下降,所以要选择有品质保障的电子产品给孩子使用;家长要对电子产品播放的内容做出筛选,让孩子在有限范围内选择,既能学到知识,还能够让孩子积极主动地思考和实践,比如可以给孩子选择一些知识性、互动性比较强的动画片等。

先陪伴再引导

家长陪伴孩子一起使用电子产品也很重要,很多电子产品教授的知识很有意义,家长可以引导孩子将游戏引入现实生活。比如,很多宝宝喜欢玩"切水果"游戏,家长可以以此为契机,教孩子怎样切真实的水果,让孩子体验游戏与现实生活的区别,并且掌握实际的生活技能。再比如,一些知识类动画片,家长可以陪宝宝认字、画画、一起玩游戏等。让孩子将学到的知识运用到生活中,真正地把电子产品工具化,而不是被"它"控制。

3. 网络用语需要家长关注吗

流行是一种趋势，却也是一种"入侵"。

小学生的父母一定对《孤勇者》不陌生，就算是原唱本人可能都没想到自己一不小心为儿童唱火了一首歌曲。现在网络的普及速度以迅雷不及掩耳之势迅速地席卷了低龄儿童，歌曲倒还好，近期疯传的"栓Q"愣是把老师给看得郁闷了。一位三年级的小学生竟然把英文歌词的搞笑翻译写到了作文里。"栓Q"是英文短语"thank you"的语音衍生，本意是感谢。最早"栓Q"这个词是广西桂林阳朔的"70后"农民用中英文双语介绍桂林阳朔山水时，最后演唱了一首名为 row row row your boat 的英文歌曲。由于发音的搞笑处理，结尾处的 thank you 特意说成"栓Q"，由此引发全网的关注，迅速成为一个全网流行的网络梗。老师在批改作文时总感觉哪里不对，便将该同学叫到办公室，请该同学将自己写的作文读出来才发现，全篇作文使用的全是网络用语，老师也觉得互联网对孩子的影响实在是太大了。类似的内容在网络上层出不穷，很多人觉得没有必要大惊小怪，孩子好好引导就好了。有些网友却觉得，这件事情要严肃对待。

家长给孩子甄选观看什么样子的节目很重要，对网络流行语也需要提高警惕。当越来越多的"yyds""芭比Q了""666"等一些网络用语出现在生活中的时候，一定程度上对学生的学习和成长产生了影响，很多网络用语不规范，造词随意，有些甚至还有些低级趣味，对于低龄孩子来讲不利于形成语言的底层韵味。家长需要引导孩子多多阅读经典，提高写作和阅读能力，让孩子们从小打好文化基础，塑造良好的文化价值观。

杜绝的力量，是一种抗衡，觉察、接纳后的解决则是顺理成章。

小练习

1. 列出手机上孩子常用的5个育儿软件，仔细分析软件的利弊，决定是否保留？并写出原因。

2. 关于幼儿使用的网络软件，你是如何做内容筛选的？

第二节　网络启蒙早知道

> 来热身啦！

你认为需要给孩子进行网络使用启蒙吗？

A. 需要

B. 不需要

你的选择是 _____

> 网络启蒙早知道
> 这一节，你最想了解的是什么？
>
> 1. 给孩子进行正确的网络启蒙，最佳时间是什么时候
> 2. 如何让孩子主动跟你说"隐私"呢

1. 给孩子进行正确的网络启蒙，最佳时间是什么时候

孩子不满 3 岁，就能很熟练地掌握手机密码，找到自己喜欢的动画片，你认为是因为：

A. 孩子是个天才，使用电子产品能够无师自通

B. 平时对孩子陪伴得有些少，电子产品的介入太早了

你的选择是 _____

现在的孩子在使用电子产品上花费的时间越来越多，就连刚刚蹒跚学步的孩子也不例外。许多孩子刚摆脱尿不湿就开始摆弄手机、平板电脑了，对其精通程度令人叹为观止。"触屏一代"以迅雷不及掩耳之势蔓延到城市的各个角落。

小丽家的毛毛刚满1岁半就可以拿着手机玩切水果的游戏了。一旁的爷爷奶奶直夸"好聪明""宝宝真棒"。在奶奶与邻居聊天时，也时常以大孙子玩手机很熟练为骄傲。

随着年龄的增长，毛毛还能熟练地给iPad或手机解锁，并点开里面的照片、游戏、动画片，全家人经常为毛毛的"聪明才干"欢呼不已。

晶晶说孩子1岁以前最喜欢看手机里的照片和视频，尤其是妈妈给她录的视频，同一个视频，百看不厌。妈妈发现了这一点，当妈妈在忙家务时，就会把手机递给她。

孩子真的可以对电子产品无师自通吗？很多家长，尤其是家里的老人觉得孩子对电子产品的精通程度远远超过自己。电子产品对于新一代网络原生者来讲既不是工具也不是玩具，而更像是"器官"，是时代赋予新一代人类的"电子器官"。老一代人并没有这个"器官"，他们在用智能产品的时候是名副其实地在"学"，就像学开车一样，大人们是在学开车，小孩子是在用自己的手脚充当轮子，自然会方便上路。

电子产品在某种意义上充当了家庭的"电子保姆"。楼下随处可见的场景：童车里面的宝宝不到 2 岁却捧着手机看动画片。询问家长缘由，他们却都很无奈地说："不给他看就又哭又闹，只能给他看，有动画片看，才能乖乖听话，我们也没办法呀！"家长们看似解决了当下的问题，实则负面影响很大。过早地接触电子产品，对儿童的大脑发育和情绪情感都会有影响。

首先，缺乏外部刺激，影响底层认知的搭建。

现在电子产品低龄化现象越来越严重，这是一个警示：大脑发育过程中最重要的一点就是和外部世界的交流形成"头脑中的网状连接"。3 岁以下的孩子需要通过行走、观察、触摸等真实的接触，才能够充分地感受到外界，和外界互动。

而来自外部的多重感官刺激，能够促进儿童感知觉迅速发展和不断完善。感知觉的发展又为儿童发展观察力、记忆力、语言表达能力和思维能力等提供了必要条件。通俗地讲，就是孩子以后上学需要的各方面能力，都是在小时候打下基础的。

而电子产品在给予孩子大量视觉冲击的同时，却让孩子失去了体验真实世界的机会，让孩子错过了感统发育的关键期。

其次，过于强烈的刺激，影响情绪心理发育。

由于孩子的大脑还处在尚不能区分虚拟和现实的发育阶段，在看到他们所不能承受的刺激或是兴奋的画面时，孩子产生的不安、恐惧、兴奋会持续相当长的时间，也会对睡眠和情绪造成影响。

小丽家不满 3 岁的宝宝就经常半夜醒来说害怕，这么小的孩子就睡眠不足，智力和生长都会受到影响。

动画以及游戏的画面切换速度很快，不断地刺激孩子的视觉神经,这样强度过大的刺激,也会影响孩子情绪神经系统的发育。

有一个名词叫作"电视综合征",是指孩子在幼儿期习惯性地观看电视,单方面接收信息,并受到过分的视觉刺激,从而使孩子表现出类似自闭症的症状,出现语言障碍或社会性功能急剧退化。现在更多地称为"屏幕综合征"。

患了儿童屏幕综合征的孩子,即使后天接受再优良的教育,将来仍会有相当一部分人不能很好地适应社会,也就是说对孩子造成的影响有可能是不可逆的。

有下面两种说法:

A. 孩子在玩手机时能锻炼专注力,让他尽情地玩

B. 现实生活中有更值得孩子体验的人、事、物

你的选择是 _____

美国行为主义创建者华生说过:"环境改变的程度越高,则人格改变的程度也越高。"可见环境对于人的影响巨大,低幼阶段的儿童正处在跟外界吸收阶段,我们要多给孩子提供外界刺激,带孩子走进真实的大自然中,为孩子建构人格地基,才能让孩子在日后有"展翅飞翔"的后劲!

现在孩子接触电子产品的年龄越来越低龄化,如若时间和精力允许,成年人在孩子0～6岁应尽可能多地陪伴孩子,随时随地进行网络启蒙,将孩子可能会遇到的危险提前告知。

我们觉得孩子年龄比较小,不愿意让孩子接受负面信息,一直在想什么时候跟孩子讲网络上会遇到的问题呢?左思右想觉得不是时候,可网络上的各种信息却从来没有止息地暴露在孩子面前,所

以给孩子建立正确的网络启蒙要从小开始，从手机出现在孩子视线范围内的那一刻抓起。

网络的便利让我们开始依赖，开始顺其自然地享受，作为网络原住民的一代小朋友，他们的价值观还在逐渐形成当中，作为孩子的第一任启蒙者，多多留心生活中习以为常的网络爆红事件，不断地针对网络事件跟孩子进行探讨，与其躲避，不如坦然面对，尽到为人父母的职责，和孩子一起理性地面对网络世界。

2. 如何让孩子主动跟你说"隐私"呢

随着孩子年龄的增长，做父母的越来越不知道孩子在想什么了。想了解孩子的一切，基本靠猜，或做地下工作者，或跟孩子的同学打听。家长们不禁感慨做父母可真是太难了。

自从明哥的女儿拥有了自己的手机之后，家长跟孩子交流的时间更是少之又少。每天孩子都是对着自己的手机，不是打游戏，就是跟同学聊天，很少有时间关注爸妈。明哥自己也很清楚，女儿长大了，社交圈子不再是围着父母转悠了，可是就是放不下自己悬着的那颗心。尤其是现在，网络这么发达，每天孩子都泡在网上，生怕孩子被骗或是耽误了学习。终于有一天，女儿出门和同学玩忘记带手机了，明哥立马打开孩子的手机，想查看一下，无奈孩子的手机设置了密码。于是明哥又开始翻看孩子的学习桌，看看能否发现一些蛛丝马迹。这个行为最后被孩子的妈妈制止了。

作为父母，你觉得孩子：

A. 有隐私，要尊重孩子的隐私

B. 孩子有什么隐私

C.可以有，但是我可以看，没什么见不得人的事情，为什么不能让看呢

你的选择是 ＿＿＿＿＿＿＿

隐私并不是心里有鬼，它更像是安全感的一种直观表现形式。马斯洛需求层次理论将对安全的需求视为基本需求。每一个人在婴儿时自我意识还未萌芽，对隐私没有概念，家长可以随意在公众场合给孩子换尿不湿、换衣服，甚至夏天就让孩子光着身子。随着孩子逐渐长大，对隐私的关注也逐渐增加。

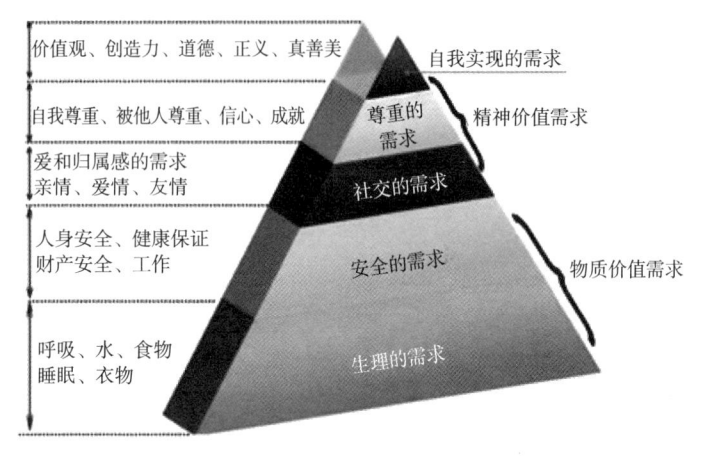

层次	内容	类别
价值观、创造力、道德、正义、真善美	自我实现的需求	精神价值需求
自我尊重、被他人尊重、信心、成就	尊重的需求	
爱和归属感的需求 亲情、爱情、友情	社交的需求	
人身安全、健康保证 财产安全、工作	安全的需求	物质价值需求
呼吸、水、食物 睡眠、衣物	生理的需求	

马斯洛需求层次理论

孩子有自己的隐私，说明孩子长大了，这是一件值得庆贺的事情。家长很想了解孩子的秘密，可以做到以下两点。

第一，要尊重不要偷窥

父母对孩子都是关心的，若关心表达不到位，便会弄巧成拙，尤其是接近青春期的孩子们，都是有表达欲和内心的叛逆的。如果孩子发现父母偷看了自己的日记、手机会感受到被侵犯，父母不妨将自己的感受明白地表达出来，跟孩子明确地将自己的担心、疑虑挑明，找孩子沟通之前要做好准备，控制自己的情绪。家长会觉得我们小时候又有谁尊重过我们，很大年纪了还全家人住在一起呢，现在的孩子虽然物质条件变好了，但外在无形的压力却是与日俱增，外界的声音也是越来越多，孩子能够找到自己的方式缓解焦虑也是很好的，表明孩子在用自己的方式解决生活中遇到的问题，作为家长只需要默默地支持孩子，给孩子无条件的爱、尊重和信任。

第二，要接纳不要控制

有一种忽视型的家长，有时候孩子会将自己的小秘密告诉父母，父母却当耳旁风或是觉得这么大点的孩子考虑那么多干什么，不把学习放在首要位置，每天想一些没用的，于是孩子就会迎来家长的一顿数落。

另一种是控制型的家长，每天密切地关注孩子的一举一动，希望孩子在自己面前是个透明人，打着我是你的父母都是为你好的旗号，不允许孩子的行为跳出掌控半分。这种行为会让孩子喘不过气来。作为父母应该接纳孩子有自己的隐私，当我们把孩子看作一个独立的个体时，就能更好地看待家长与子女之间的关系。

青春岁月，每个人都有过，作为孩童时期的自己，是不是也特别希望父母是一个懂自己、理解自己的人呢？我们的孩子也会这么想吧。比起外界的诱惑，孩子更在意的是家庭的温暖。生命只有一次，和孩子的陪伴也只有一回，多些接纳和包容，亲子一场，人生会有很多美好的回忆。

小练习

1. 根据心理学"白熊效应"的反思，尝试让自己开始说正话。

以前说的话	转化为正话
别跑	请停下

2. 针对近期的网络爆红事件，与孩子进行探讨，记录下你们的想法、感受和决定。

想法：＿＿＿＿＿＿＿＿

感受：＿＿＿＿＿＿＿＿

决定：＿＿＿＿＿＿＿＿

第三节　关于网恋到底如何跟孩子谈

> **来热身啦!**

作为父母的你突然发现孩子网恋了，你会怎么做？

A. 强烈制止

B. 不闻不问

C. 耐心平和地沟通

你的选择是 ＿＿＿＿＿＿

> 关于网恋到底如何跟孩子谈
> 这一节，你最想了解的是什么？
>
> 1. 网恋真如洪水猛兽般那么可怕吗
> 2. 发现孩子网恋了，应该怎么办

1. 网恋真如洪水猛兽般可怕吗

"怕"来自潜意识，让它待在那里就好了。

网恋真的如洪水猛兽吗？其实我们更加害怕的是关于网恋背后"性"的关系。家长千防万防就是害怕孩子在网上遇人不淑，与其担惊受怕，不如家长大方地和孩子讲清楚真正担心的是什么？以及应该做些什么？家长将网恋讲得恐怖至极，自己和爱人的相遇却是游戏网恋。

阿花和老公就是大学毕业后玩线上游戏认识的，两个人在游戏中扮演情侣，互相赠送装备，在游戏里练就了长久的默契，之后两个人相约线下见面，最后修成正果。还有田田也是在QQ上通过陌生好友添加认识了现在的老公，两个人还将如何从相遇到相恋到相知的过程拍成了视频发布到网上，引发了很多人的转发。网恋虽然没有那么可怕，但也不代表小朋友可以网恋，大部分能够修成正果的都是成年人。因为成年人有自己的主观判断力，能够把握好分寸。那作为父母，我们应该如何跟孩子讲清楚网恋，以及如何让孩子保护好自己呢？现在很多父母还是会谈"性"色变，觉得不好意思。有调查显示，我国15～19岁的青少年中，8%的女孩子有过性经历。家长还感叹现在的孩子可真是早熟，其实不然，现在网络的发达，孩子对世界的了解更加多方面，更需要家长能够与时俱进。

启蒙要趁早

现在性侵案件受害者的年龄越来越小，我们总觉得孩子的年龄还小，可是坏人却永远不会这样认为，这个话题有些沉重，家长们估计也看过类似的影视作品，所以给孩子早做启蒙是很有必要的。孩子开始对自己是从哪里来的话题感兴趣时，我们就可以适时地进行出生教育了。家长可能会说你是垃圾桶里捡的、是买东西赠的，所有的搪塞都是因为我们解释不好孩子到底是怎么来的？现在很多绘本讲得很清楚，会让孩子清楚地知道自己是从哪里来的，也可以了解到男女的生殖器官不同。当孩子问到这些问题时，父母的态度很重要，家长越觉得难以启齿，孩子就会越好奇。我们可以借助很多影视作品、绘本书籍、科普动画等给孩子做启蒙。

当孩子逐渐长大，家长也需要丰富自己的知识储备，不要刻意回避或是欺骗孩子。有一位女性曾经告诉我：有一次，小时候她和奶奶一起去上厕所，看到有一位阿姨来月经，便问奶奶阿姨怎么了，奶奶随口回答说这个阿姨做错事情了，流血是对她的惩罚。等到这位小姑娘也开始来月经的时候吓坏了，一直在担心自己到底做错了什么。成人的无知给孩子平添了烦恼。

切莫大惊小怪

"大惊小怪"出自朱熹的《答林择之》："把此事做一平常事看，朴实头做将去，久之自然见效，不必如此大惊小怪，起模画样也。"家长一定会说都网恋了，这么大事，还叫大惊小怪？当情绪愤怒时，我们就不能冷静地针对事情去沟通，孩子在父母眼中看到的只有愤怒没有关心，只会将孩子越推越远。面对事情，孩子需要一个相信自己、愿意跟自己一起去解决问题的父母。我们的目的是引导孩子学习正确的性知识，教育不是一生只有一次，情绪的伤害却是一次比一次厉害，修复就会很困难。

那我们应该如何做呢？先冷静下来，了解一下孩子近期有什么想法和变化，在跟孩子的沟通中找到方法，尊重孩子，让他能够放松下来，愿意将发生的事情跟家长讲出来。

2. 发现孩子网恋了，应该怎么办

雪杰发现自己小学五年级的女儿网恋了，初见端倪是在家线上学习的那段日子。因为平时孩子都是上寄宿学校，两周才能够回家一次。每次回家家长也只是简单地问候一下学校生活怎么样、考试分数如何等一些话题。孩子也是敷衍地回答几句，便自己进房间了。这一次居家线上学习的时间很长，也就给了家长和孩子长时间相处的机会。刚开始的时候，只是发现女儿很喜欢看手机，几乎手机不离手，每次接电话的时候都会悄悄地把门关上，有的时候正在吃饭，就匆忙地说不吃了，躲回屋子去接电话。有一段时间雪杰发现女儿总是心不在焉，每次跟女儿说话，她都答非所问，每天都对着镜子化妆，还悄悄地喷妈妈的香水，诸多迹象让她感觉到很不正常。一次女儿回屋打电话的时候，雪杰就悄悄趴在门缝听，听见女儿喊电话中的人老公，顿时不知道该如何处理，赶紧离开女儿的房间，立马想起来去翻看女儿的朋友圈，结果是什么都没有发现，雪杰的心里就像无数只小鼓胡乱敲响，乱作一团。

如果你是雪杰，你会怎么做？

A. 直接冲进去，训斥孩子

B. 装作不知道，相安无事

C. 多关心孩子，找准时间跟孩子沟通

关于早恋这件事情，如果发生在几十年前应该很难会被父母接受，惩罚、责骂、羞辱的行为都有可能发生。

如果父母这样处理，孩子一般有两种做法：

第一，对恋爱充满了恐惧，不敢再轻易尝试。

第二，你们越是阻止，我越是要感受一下到底有多刺激。

现实生活中，第二种做法应该是居多，这就是心理学上的"白熊效应"或者叫作"反弹效应"。这个效应是以美国哈佛大学社会心理学家丹尼尔·维格纳的一个社会实验命名的。参与实验的人被要求不要在脑海里想象一只白熊，结果显示很多参与实验的人员都会在脑子里跳出一只白白胖胖的熊。

现在，请你不要去想一个正在融化的草莓味冰激凌。我猜想现在这支冰激凌的形象已经在你的脑袋里了。如果我说对了，请露出一个微笑吧。

发现孩子网恋了，我们应该怎么办？聪明的父母都知道，关系大于事情。如果你们的亲子关系被破坏了，无关乎你说的话对与错，孩子是完全听不进去的。不妨这么做试试：

要关系不要结果

回忆你的童年，和孩子一起走进你的童年"往事"。说起早恋，每个父母都曾经有过一段过往，别说你没有，隔壁邻居都不能相信，那不妨把你的"往事"拿出来跟孩子讲讲，讲讲你是如何喜欢上隔壁班的男孩的，你都做了哪些蠢事，让孩子感受到氛围的轻松，自然也就跟你更加亲近。还要跟孩子讲一讲，哪些行为是不能触犯的底线。也可以问问孩子，他是如何看待底线这件事情的，他自己觉得哪些底线是不能触碰的。

要倾听不要说教

在跟孩子敞开心扉交流的过程中，切记不要说教。你选择了跟孩子"坦白你的往事"不是为了套路孩子,人最害怕的就是跟你说了实话,你却像是抓住了把柄。如果这样做,孩子的心门将永久对你关闭。在跟孩子分享你的事情时,可以将你成人后或者是当时分手后的一些心得跟孩子分享,比如当时的那个男孩越深入接触发现人品确实有问题,看人不能只关注表面,个人品质是十分重要的。

简单的对话,可以提高孩子的选择标准,既不是直接告知孩子,让对方反感,又能有效地跟对方沟通。

人生需要第三视角,作为父母的身份,我们会关心则乱;作为儿女的身份,又会背负很多内疚和自责,不如我们一起跳出来,让问题和关系分离。

小练习

1. 回忆你孩童时代青涩懵懂的爱意,可以记录下来,分享给自己的孩子。

时间:_____

地点:_____

事件:_____

家长是如何做的:_____

你的感受是:_____

采访孩子:如果她是当事人会怎么做?如果是家长又会怎么做?

2. 和孩子共读一本关于性教育的书籍,可以选择一本合适的性教育书籍送给孩子。

第四节　留守儿童的网络安全同样需要关注

来热身啦!

你认为留守儿童的网络安全需要关注吗?
A. 需要
B. 不用管,跟我有什么关系
C. 有那么一瞬间也思考过
你的选择是 _____

留守儿童的网络安全同样需要关注
这一节,你最想了解的是什么?

1. 留守儿童为什么会手机成瘾
2. 留守儿童的"手机瘾"跟我们普通人有什么关系
3. 面对留守儿童沉迷于手机,我们又能做些什么

1. 留守儿童为什么会手机成瘾

露露家居住在农村，家里开着一个小超市，离镇上的中心小学和初中很近，每到放学或是周末的时候，超市门口就围坐着一群学生，嘴里嚼着方便面，手上拿着手机，还不断地叫嚣着"上，快上，围攻他们"。这种情况在寒暑假的时候更甚，因为露露家的超市是村里为数不多有无线网络的地方，无论烈日还是严寒都不能阻挡孩子们在游戏中拼杀。几次哄赶都不管用，露露迫不得已不断地更换自己家的无线网络密码，但是不影响孩子们一次次破解密码，继续围坐在门口享受着他们独有的游戏快乐。

现实中很多"扛起砖，就不得不放下你"的故事，留守儿童就是其中的主角。爸爸妈妈要进城打工，把孩子交给老人来带。老人只能是勉强照顾孩子的日常起居，关于教育方面能做得甚少，加之现在农村整个大环境，无论是大人还是孩子都沉浸在手机里，刷短视频、购物，俨然成为一股风气，无论手头正在做什么都要拿出手机来拍一拍。老人不知道如何使用手机，很多功能需要孩子自己摸索，久而久之，老人也就觉得将手机给孩子比自己参与要强很多，自然而然，手机也成了孩子自己的专属工具。游戏本无罪，孩子无外乎就是希望在生活当中找到一点关爱。父母不在身边，爷爷奶奶能给的有限，自己无处安放的情感总要找到一个寄托的地方，手机是能给予慰藉最好的工具。

很多"80后"是否还记得，小时候即使父母不在家，也是由爷爷奶奶带大，自己不仅没有长歪，还在童年留下了很多美好的回忆：依稀记得奶奶在灯下为我编织红毛衣；爷爷在傍晚时分倚在大门框上等我回家；伴随着阵阵的饭香冲进屋子里，奶奶一边埋怨着回来晚了，一边自然地给碗里盛上我最爱的炖土豆；下雨后约上三两伙伴去后山上寻找刚刚出土的蘑菇，闻着阵阵泥土香，采摘着山上的野花。一幕幕都是如此温馨，可是现在的孩子似乎被手机里繁华的景象带走了，生活中的美景不曾看过，来不及吃饭，来不及抬头，爷爷奶奶的叮咛变成了唠叨，父母也只剩下"提款机"这一项功能。孩子们是否需要手机之外的世界呢？他们究竟渴不渴望父母的陪伴呢？每年春节过后，亿万返乡大军进城，无数孩子强装淡定地目送父母远行，似乎答案已在其中。

2. 留守儿童的"手机瘾"跟我们普通人有什么关系

大家可能会思考留守儿童沉迷手机跟我们又有什么关系呢？我的孩子常年在身边，只要他不沉迷手机，不跟不同环境的同学结交就可以了，可现实真是如此吗？

现在是一个信息化的时代，在生活中不能遇到的人，在网络中却不是一个定数。生活中随处可见，几个小伙伴围坐在一起打着游戏，而对面的"合作伙伴"并不知道"身处何处""姓甚名谁"。

刘老师是一所乡镇中心小学的老师，据他所说，在他的班里就有一个小男生，父母常年在外打工，导致家庭教育和学校严重脱节。孩子在学校欺骗老师，在家里欺骗监护人，经常打电话给远方的父母说学校要交各种名目的费用，一个星期要从家长那里要来几百元到千元不等的钱。由于手里有很多钱，这个小男生会在网络上给各种"小网友"充值，购买装备等。据说还将一个外地"小网友"骗到镇上来游玩了好几天。

现在越来越多的留守儿童的教育问题没有得到解决，要知道将来这些孩子都是要走向社会的，也许大家都会成为同学、同事。

当然也并不是所有的留守儿童教育都是有问题的，桃桃的爸爸妈妈在孩子很小的时候就外出打工，她和哥哥就交给爷爷奶奶抚养，从小学到现在哥哥已经上初中，兄妹两人一直都是班级的前几名。很多人都觉得留守的孩子就是不自律的、不上进的，其实不是的。我问她为什么你们两个会如此优秀，她说是因为爸爸妈妈很早就会给他们买很多书籍，她特意讲了几本对他们有影响的书。她和哥哥很早就知道学习是自己的事情，并且还学会了照顾爷爷奶奶。而且她特意讲到爸爸妈妈会给他们制造很多惊喜，比如，在他们的生日或是一些特殊的节日，爸爸妈妈都会很准时地出现在他们身边，让他们感觉到爸爸妈妈并不是离他们很远，听着孩子幸福的表达，似乎也会给很多留守儿童的爸爸妈妈些许启发吧。

3. 面对留守儿童沉迷于手机，我们又能做些什么

我们都有小时候回老家的记忆，回到农村是一件让我们向往的事情。现在的孩子们也会回到农村，回到我们的老家，很多人的童年都会有一段关于农村老家的记忆。回想当年和表哥表姐在田间奔跑、山头嬉戏、水里捞鱼，无数个美好的画面成为今天抹不去的记忆。现在我们走出来了，接触到了更多的教育理念，打开了更宽广的认知领域，通过网络也能够做点力所能及的事情了。人生可以选择做很多事情，在我们为人父母后，似乎更加希望为孩子们做点什么。

由于工作关系，我开通了网络直播，开始很多孩子会自己申请

连麦。当时团队都很纳闷，一个家庭教育的直播间为什么吸引来的都是孩子，不应该是家长会对如何教育孩子更感兴趣吗？后来陆续跟孩子们连麦才发现，他们都是留守在家的孩子，由爷爷奶奶或是姥姥姥爷代为抚养，还有为数不多的是寄养在其他亲戚家里。当他们刷到我们的视频，讲到孩子最想听到妈妈说的几句话；孩子如果犯错了，最希望妈妈怎样做等诸多代表他们心声的内容，就不自觉地关注了。因为没什么地方倾诉自己的心中所想，就来连麦表达。

有一天一位7岁多的小姑娘，因为爸爸妈妈在外地打工，由奶奶一个人抚养，她一上麦就开始小声哭泣，询问原因才发现是奶奶不理解她，总是批评她，让她去干活。在连麦期间还听到奶奶不断地吼她，让她不要总是玩手机。我们试图了解这个孩子更多，但时间有限，她就下麦了。以后的好几天，团队都很关心这个孩子过得好不好，终于有一天她又回来，跟大家讲述了她和奶奶的故事：她们住在一个很偏远的山区，由于村里很在意生男生女，她是家里第二个女儿，爸爸妈妈还在继续生男孩的路上，大姐姐已经被送去姥姥家里，她留在奶奶家里。由于家里就奶奶和她两个人生活，地里的农活负担很重，奶奶既需要照顾家里又需要将一部分精力拿出来关注她的学习。无奈奶奶文化水平也不高，现在线上学习，很多设备奶奶也不会操作，同时自己也是一个人在家无聊，就会上网玩游戏。奶奶看着着急，又不得方法，所以就经常打骂小女孩。每到这个时候，小女孩就莫名地想爸爸妈妈，希望他们快点回到自己身边。我很感激小女孩可以很清晰地将自己的境遇用语言表达出来，愿意将一份信任给到一个陌生阿姨。我们做了约定，如果她再遇到不开心或是想找人倾诉的事情，我们每天的直播间会向她开放，并且从头到尾跟她梳理奶奶对她的行为，确认奶奶是否是爱她的，她是否有感觉到？经过确认是的，所以告诉小女孩可以试着将自己的想法表达给奶奶，让奶奶放心，自己可以做得更好。再后来就是爸爸妈妈，如果自己知道爸爸妈妈就是不能够回到自己的身边，不管是出于什么原因，那为了让自己能够得到爸爸妈妈给予的一份爱，自己能做什么？小女孩表示可以每周给爸爸妈妈写一封信，等爸爸妈妈回来时，将信全部拿出来，小女孩还自嘲说这样还可以练习写作文。我们愉快地达成约定，并在持续的几周内，孩子都会给我反馈。她说奶奶听到了她的感受，并且给她道歉了，她很开心。自己也将很多不愉快写在纸上，尽管很多字她还需要用拼音。听着孩子巴拉巴拉地说个不停，我们知道孩子的心扉已经打开了，决定跟自己的生活和解了。尽管她才7岁，我们也很欣慰于一个小姑娘为了生活做出的努力，又多了一个热爱生活，并努力改变生活的生命。

利用网络的发达，让我们接触到了遥不可及的生活，见证了不同的人生，很多事情是孩子先于大人理解的。比如，短视频表达的观点，经常在留言下看到孩子们的回复：此条刷屏是大人永远看不到系列，或者是我妈妈要是这样就好了，等等。让我们萌生了一个想法，不妨拍点家长爱看的，从家长的角度改变是不是孩子们就没有那么多弯路要走，所以开展了很多线上的免费讲座，从身边愿意改变自己的家长开始。免费讲座设置了从情绪管理到时间管理到手机成瘾到培养孩子专注力，再到老人如何参与隔代教育等方面话题，家长们纷纷留言说自己很受用，跟孩子的关系缓和了好多，老人也说走出了很多自己教育孩子的盲区。

还记得小时候的笔友吗？当我们有些话不愿意告诉父母的时

候,当我们对外面世界充满期待的时候,当我们希望有一个畅想未来的港湾的时候,我们会提笔给自己的笔友写信,告诉她我们现在的境况。现在发达的网络似乎将这一仪式感的行为给替代了,很多孩子可以同时拥有很多个网友,情感似乎也没有那么纯真了。我身边就有一位朋友,每年都会固定资助一位大山里的女孩,且每年都会带自己的女儿到山里看望那位姐姐,在其家里住上几天,女儿很小就知道节俭以及生活中的美好来之不易。其实我们能做的事情还是有很多的,都在抱怨说现在的孩子不知道感恩,不知道心疼父母,也许是环境没有让他拥有感恩的能力。如果可以,从身边的小事做起,从资助一个贫困生开始,让孩子能够拥有不一样的世界观。

唯有知识能够改变命运,不断打开思维认知,让人拥有不一样的人生。现在城市的孩子有太多的绘本、漫画等书籍,很多孩子的书看完了还是崭新的,现在小区里的妈妈发起资助希望小学捐赠书籍的活动,让很多农村的小朋友可以看到很多不一样的书,也是一件很有意义的事情。记得小时候我们的小学也是一所希望小学,以前我并不知道是什么意思,我只记得在学校奠基礼上从外地来了很多叔叔阿姨,说的很多话我都忘记了,只有一位阿姨说的话记忆深刻:"要好好读书,走出去看世界,将来回来报答父老乡亲。"这句话我记得很清楚,所以现在我也一直在践行着、做着力所能及的事情。

生活总有裂痕,那是光照进来的地方。每一个人都有自己的人生轨迹,如果我们能做点燃他人人生的一束微弱的光,也是一件幸事。

遇见谁，帮助谁，理解谁，接纳谁，也许跟对方无关，是你看见了曾经的自己，所以但行好事，前程在心中。

小练习

1. 尝试和孩子一起制订一个捐赠计划。
2. 讲述一个留守儿童的故事给孩子听。

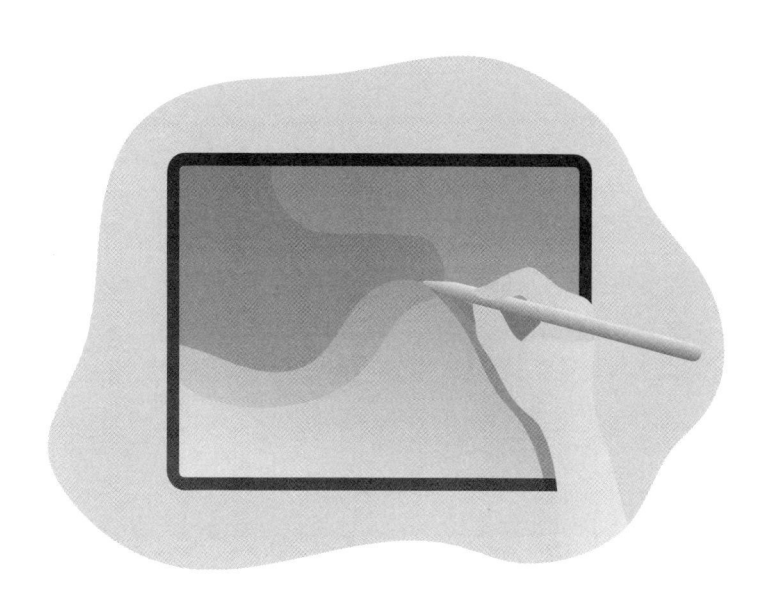

第 五 章
屏幕下的学习力

教育不是灌输,而是点燃火焰。

——苏格拉底

第一节　控制情绪是提高学习力的前提

来热身啦！

当你和爱人开车行驶在马路上，面前出现了两条分岔路口，你提议往左走，爱人坚持往右走，最终发现右面是一条死胡同，这时坐在副驾驶的你会怎么做？

A.唠叨抱怨起来，我都跟你说了往左走，你看时间都被你耽误了

B.表情平静，什么话也不表达，跟着爱人的节奏倒出胡同，看看其他路线

C.选择这条路也是不一样的风景，表现得很兴奋

你的选择是 _____

设想一下这三种不同的处理方式，最后的结局会是什么？

> 控制情绪是提高学习力的前提
> 这一节,你最想了解的是什么?
>
> 1. 启发和命令的区别是什么
> 2. 关键时刻语言有什么用
> 3. 紧要关头如何控制情绪

1. 启发和命令的区别是什么

不写作业,母慈子孝;一写作业,鸡飞狗跳。这是很多家庭的真实写照。现在生活中又多了一个场景:不拿手机,相安无事;一拿手机,啥都不是。尤其是在线上学习期间,家长跟孩子争吵最多的当属手机的使用问题。

一位妈妈火急火燎地咨询,原因是孩子在线上学习时玩手机,家长说了很多次都没有效果,家长一气之下,将手机没收,或将电源直接拔掉。家长一边描述一边生气地说,他现在就在我的身边呢,我就想跟老师说说,让大家都看看这是一个什么样子的孩子,让他全网丢脸,不学习就别学习,最好将来要饭吃。家长越说越气愤,分不清楚是在咨询,还是跟孩子在现实生活中吵架。眼看火势越烧越猛烈,我赶紧制止妈妈,让妈妈先平复一下心情,孩子在场的情况,不对孩子的任何问题进行解决,妈妈似乎这才意识到自己刚才有些失态,连忙道歉说不好意思,等自己冷静下来再来咨询。

两天后,妈妈再一次来咨询,希望将上次发生的事情再复盘一下，找到解决办法。情绪平复后，家长的描述更加清晰："孩子在家进行线上学习，老师说家长一定要关心孩子的学习，所以我就一直坐在孩子的身边，盯着他学习，他就一直让我走开。我看他也不希望我在身边就走开了。没走开一会儿，就听见老师喊他的名字他也不答应。我一生气就推门进去跟他理论了几句，不让我在，你倒是好好学习啊，我不在你就更踏实地玩儿了是吧，不想学拉倒。一生气我就把网线给断了，反正他也不想上课。"

当我询问这位妈妈陪着孩子学习她在做什么的时候，妈妈回答说："孩子六年级了，他上课的时候我就是陪着他，那写字的没有本子都写到桌子上了，老师明明说的题目是'选出不是同一类的题'他就是听不到，我得提醒他。他让我出去，我担心他玩儿，所以一直趴在门缝听着呢，我就知道他不能认真听讲。"妈妈还在喋喋不休地描述着情况，我打断了妈妈："孩子上六年级了还需要盯着学习，这说明没有养成良好的学习习惯。今天我们暂时先不解决孩子学习习惯是否养成的话题，我们就你在旁边不断提醒这个事情说一下。如果你是一位职场女性，领导搬个椅子坐在你的身边，不说话、不喝水、不指责，请问你能专心地工作下去吗？更何况还是一个不断指出我工作问题的领导，请问你的感受是什么？"妈妈着急地打断我："我没有啊，看到他错了，也不指出来，就让他错下去吗？"

怎样才能让一个人记住错误，并主动改正？

A. 没有发生错误之前，提前未雨绸缪，不断唠叨提醒

B. 错误发生时，你看跟你说了，你不听

C. 错误发生后，找到一个合适的时机沟通，最好对方主动

提及此事

你的选择是 _____

还记得开篇跟大家做的测试吗？这个场景是不是在生活中经常发生？大家对几种结果都不是很陌生。孩子是不是知道自己在当时的所作所为是不正确或者应该说是有待提高的呢？当孩子意识到自己的问题还没能给自己反思的机会时，旁边的"监工"已经开始了指责模式，试问有谁会认为你说得对，会按照你说的做呢？生活中对孩子的命令数不胜数，同样是好心，希望孩子能够按照既定的方向去发展，却往往事与愿违，究竟问题出在哪里呢？

下面句子让你感受舒服的，在（　　）中画"√"，不舒服的画"×"。

（1）跟你说过多少次了，做完作业再玩手机。（　　）

（2）外面特别冷，穿上衣服，冻死你我不管。（　　）

（3）赶紧去写作业，别磨叽。（　　）

（4）吃完饭把碗放回到洗碗池子里去。（　　）

（5）什么情况下我们才能开始玩手机？（　　）

（6）今天温度似乎有点低，你打算穿什么让身体不被冻坏呢？（　　）

（7）为了保证我们能够准时出去玩儿，要怎么做才能够把作业写完呢？（　　）

（8）吃完饭后，我们应该将碗放在哪里呢？（　　）

（9）你们爱干什么干什么，随便你们。（　　）

（10）你们还需要多长时间解决抢玩具的问题？（　　）

你发现了什么，写在下面的横线上：

_____

启发式语句让人更舒服，下意识地更想去执行；命令式语句会让人有想逃离的感觉。现实亦是如此，沟通的技巧请记住，启发而非命令。不同的表达方式你更愿意对哪种表达方式做出行动呢？合上书籍感受一下内心的想法和决定。

2. 关键时刻语言有什么用

"老师你说的我都听明白了，我也是这么做的，可还是不管用。"

"请问你具体是怎么做的呢？"

"我就是一直一直说啊，他耳朵就像是被封住了一样，完全听不到我说话，我提高分贝，他才能勉强听到，听到还不照做，我感觉到很无奈，却也不知道该怎么做。"

有些事情并不是只说说而已，家长们已经开始学习跟孩子沟通的方式了。大家有一个误区就是认为沟通仅仅存在于语言本身，苦口婆心地跟孩子说，孩子也不听。因为自己学了跟孩子相处的方法，还不能允许自己发脾气，所以就像唐僧一样希望用语言去感化孩子，殊不知孩子不是孙悟空，你也并没有紧箍咒，这只是徒增烦恼，让孩子看到家长的无能。语言本身并不具备那么大的威力，之前的章节有讲到一串密码"55387"，语言本身仅仅占到沟通过程当中的7%。很多孩子在童年时期记忆最深刻的就是来自父母的语言暴力，究竟是因为什么事情已经忘得一干二净，可见语言对于解决问题本身起不到什么作用。孩子的心门对你关上的时候，咒语就已经不管用了。原始社会的人类在没有语言的情况下是用什么交流的呢？是如何向自己的幼崽传递信息的呢？动物们独特的语言又是什么呢？人类的眼神、肢体动作，其实也能很好地起到震慑作用。

我跟女儿在假期期间，有过一段共同宅家的日子。她需要线上学习，我需要处理自己的工作。孩子总有一种神奇的能力，就是妈妈在家，谁都不爱，谁想把我从妈妈身边带走都是不可能的，所以我们两个人就在一个屋子里各自工作着。我写稿子，她玩游戏，我们约定的时间是10分钟。10分钟结束后，她需要关掉iPad去做其他事情。在开始游戏之前，我们就约定好了，在8分钟的时候，我提醒她还有2分钟，很快10分钟到了，她却没有要关掉iPad的意思，我提醒了她两次，她说打完这一局，预计2分钟，我答应了她的请求。2分钟过后，我没有再用语言的方式提醒她，而是默默地站到她的身边用平静的眼神注视着她，她很主动地就将iPad关掉了。

家长们可能会说，这不是威胁吗？孩子现在害怕你，长大了可就不一定了。事实确实如此，还有很关键的一步是"及时反馈"。事先我们是约定好的，并且在她主动关掉iPad的那一刻，我给了她一个肯定的眼神，并告诉孩子这个就是"说到做到"，并承诺孩子明天我们还可以继续做这个游戏。孩子最担心的是得到你的批评，同时也有自己不能准时的愧疚感，更加担心妈妈这次由于我不守时，下次就不能再允许我看了，我这次一定要多看一会儿。我们在相处的过程中打掉了孩子的全部疑虑，让孩子玩儿就痛快地玩儿，不要有负担，当选择关闭电子产品时孩子也就没有那么惧怕了。

3. 紧要关头如何控制情绪

"老师，你说得特别有道理，那是因为你脾气好，我有的时候实在是控制不住自己，感觉不发脾气，天理难容。我提醒他几遍他不听，我恨不得把电脑扔了。尤其是老公还不理解我，觉得我太暴躁了。孩子和爱人没有一个人理解我，我到底做错了什么？老公上班，平时都是我一个人照顾家里，他回来什么也不干，就是躺在床上刷手机，我一看他就气不打一处来，儿子简直跟他爹一个样子，学习学习不行，家里的事情更是一点忙都不帮。"

听着妈妈继续分享，让我想起了很多跟我连麦的妈妈们，谁以前不是一个温柔可人、清纯秀丽的少女，仅仅几年的婚姻似乎就将我们整个人都改变了模样。如若能够风和日丽，又有几个人喜欢电闪雷鸣呢？是人就会有脾气，你是否也经常在午夜梦回的时候后悔对孩子做出的种种举动呢？周而复始，忍着不发脾气，到忍无可忍一次性爆发，再到事后开始自责内疚，孩子又有什么大错难容呢？不过是生活给我们的压力而已，为了减少这种周而复始无休止的轮回，如何在情绪来临时有一个避风港呢？

给自己一秒钟的时间，这一秒钟属于自己。在自己状态好的时候可以邀请孩子帮忙画一张"发脾气时的妈妈"画像，张贴在自己能够看到的地方。当感觉到自己的血液又要冲到头脑时，给自己一秒钟的停留去看一下那张画像，让自己有一个回归理智的机会。很多妈妈会觉得为什么受伤的人总是我，为什么只需要我冷静呢？难道别人不需要冷静吗？不是的，其实小朋友也是需要冷静的，但不是家长所说的，你需要冷静，去卫生间面壁思过去吧！这个就是惩罚了。究竟如何让孩子也能够冷静下来，愿意跟我们沟通解决问题呢？在我们的线上课堂中有一个非常火爆的课程叫作"冷静角"，具有很神奇的功效，能够快速让孩子和家长都冷静下来。冷静角的布置很简单，期待你和孩子可以在家里布置一个属于你们的冷静空间。

第一步，感觉好时，共同约定

每个人都有发脾气的权利，为了避免伤害我们身边最亲近的人，我们希望能够更加理性地去解决问题，所以不妨跟孩子谈谈发脾气时候的场景：如果我们之间有分歧了，发生冲突了，你会选择什么样的方式，让我们彼此都冷静下来呢？只有冷静下来，我们才能够针对问题解决问题。这个话题也可以根据孩子年龄的不同进行探讨，因为不同年龄段的孩子对冷静下来的方式有不同的认知。

第二步，共同布置，专属空间

在每个人都非常冷静的情况下，我们确定了自己需要冷静的空间，比如妈妈会选择到卫生间里洗把脸，小一点的孩子，家长可以给他一些选择，比如孩子可以选择到卧室玩喜欢的小车，或去玩具房贴画做些装饰等。这个专属空间一定是孩子自己选择的，而不是妈妈觉得这个卧室不错，你可以试试。大一点的孩子也许并不需要专门布置一个空间，也许会选择出去走走或者跟同学聊会儿天，任何形式不限，只要能够让自己的心情平静下来即可。

第三步，暴风雨来，我陪你去

这一步是关键的一步。我们之前所做的一切都是为了这一刻做准备，平静的时候谁会需要冷静，只有真的不冷静的时候才会需要冷静，所以真的遇到不冷静的时候，按一下暂停键，小一点的孩子，如果遇到他发脾气，家长切记不是告诉孩子你需要冷静，你去你那个冷静角坐着去吧，而是要表达出对你所看到事情的态度：妈妈看到你有点情绪激动，我想我们需要冷静一下，现在我和你一起去你的冷静空间坐坐好吗？

第四步，做好榜样，润物无声

在大家都情绪激动的情况下，做任何决定往往都会事与愿违。作为大人自己要以身作则，想一想我们在情绪失控的时候是不是真实有效地使用了这个冷静空间。孩子看到了我们的变化，自然会受到感染。当然大一些的孩子因为已经长大，因为之前有一些根深蒂固的原因，所以现在影响起来需要多一些时间，但只要我们选择相信，任何时候都不会晚。

失去一段关系固然很可惜，但在一段关系中失去自己更加不值得，尤其是全职妈妈。在生活的长河中，妈妈们很难找到自己的价值感，很容易将自己所需要的价值感转移到孩子或者老公的身上，对方也会因为背负着本不属于自己的那份期望而生活得很辛苦。让自己的状态好起来，抱怨是一种习惯，解决问题也是一种习惯，就像两个旋转的齿轮一样，当达到一定的速度，不需要外力也能自转。但是如果我们放一颗石子进去是不是刚开始会有些不舒服，转速也会慢下来，当我们改变原来习惯开始生活也是如此，给自己一秒钟的时间，停在此刻观察一下自己，你爱自己现在的样子吗？

情绪需要被控制，更需要被看见。被看见的力量，犹如一株许久未见太阳的向日葵，那种向阳的力量，会惊艳你我。

小练习

1. 将平时跟孩子讲的命令式语句换成启发式语句。

命令式语句	启发式语句

2. 一天中没有用语言唠叨跟孩子解决的事情是什么？

3. 和孩子共同设立"冷静角"。

第二节　如何同孩子一起应对线上教学

来热身啦!

孩子一直看电子产品,你会认为:
A.一天天只知道看电视,一定是上瘾了
B.现在无聊不知道做什么,只是暂时玩一会儿
你的选择是 ＿＿＿＿＿＿

如何同孩子一起应对线上教学
这一节,你最想了解的是什么?

1. 关上房门,他是在上课还是在上网
2. 线上学习,他究竟学会了多少

1. 关上房门，他在上课还是在上网

乐乐奶奶发现自己银行卡上的 8000 元不翼而飞，银行卡一直在柜子里保管得好好的，她很纳闷为什么钱就不见了呢？奶奶到银行查询账单明细才发现，钱是从微信转账出去的，金额从十几元、几百元到上千元不等，全都转给了一个游戏平台。

家里只有奶奶和乐乐两个人，奶奶一问便发现，果然没错，是乐乐把钱打赏给了游戏主播。乐乐上小学一年级，之前由于疫情的原因，学校安排线上学习，每天的课表都排得满满的。乐乐需要用奶奶的手机上课。为了不打扰孩子学习，奶奶每次都会把房门关上，看孩子整天看着手机也很是欣慰，觉得孩子这么认真，也不好去打扰。没想到乐乐非但没有认真听课，反而在偷偷上网看直播。更让奶奶意外的是孙女如何知道自己的支付密码的呢？经过奶奶仔细询问，乐乐说是有一次去超市，悄悄躲在奶奶身后记住的。

很多年轻父母会觉得孩子是跟老人在一起才会发生这样的事情，如果跟爸爸妈妈在一起，这种事情是一定不会发生的。其实自线上学习开始后，90% 以上的父母都有疑惑，不知道孩子是在线上学习还是在上网。孩子年龄小还有理由和机会坐在旁边陪同，可十几岁的孩子就几乎没有这个可能性了。小磊拍下女儿门上悬挂的门牌。

小磊说，虽然孩子学习一直很自觉，但是看到她一天天地不出房门，里面又摆满了上课工具：手机、iPad、电脑。妥妥的诱惑三件套，哪个父母心里不打鼓？有天终于按捺不住，借着给女儿倒水的机会，直接推门进去，刚好看到女儿用手机打游戏，而电脑上播放的却是老师正在直播的线上学习。小磊非常生气，直接没收了手机，并把门牌撕碎，而女儿感觉爸爸不够尊重自己，随便进入房间，和爸爸大吵了一架。

线上课程一开始，房门一关，彻底阻断了父母和孩子。父母在房门这头，而孩子在房门那头。在家的日子，各自看似相安无事，殊不知多少父母都在想着应对办法。

第一类，操心包办型父母的办法。为了孩子的学习操碎了心，早上睁开眼就忙着给孩子打卡，打完卡就安排孩子坐在设备前，督促着孩子打开电脑，把铅笔、橡皮准备好，孩子坐在椅子上，父母搬个小板凳坐在旁边，时刻关注着课程的动态。只要老师有要求，立马跟上节奏。这种监工和包办一体的父母，让孩子有一种时刻被家长监视、喘不过气的压迫感。

第二类，心大放手型父母的办法。给孩子专门准备一个手机，其余的就交给孩子自己。更有甚者，因为老师催促家长给孩子上传作业的次数过于频繁，直接将老师拉黑。

第三类，协助学习型父母的办法。线上学习这段时间，父母利用线上学习结束的时间带孩子进行复习，看到有学不明白的习题，给孩子加练；看到有写不好的字，给孩子补习书法等。

第四类，榜样影响型父母的办法。孩子在上课，家长也学习，比如看看书、练练字，休息的时间和孩子一起做做眼保健操，陪孩子做运动，自己不会主动拿手机刷娱乐节目，而是和孩子一起制订学习计划，让居家的日子也过得井井有条。

如果你是孩子，你会更喜欢哪种父母？

A. 操心包办型父母

B. 心大放手型父母

C. 协助学习型父母

D. 榜样影响型父母

你的选择是_____

无论在线上学习期间你需要承担什么样的角色，有一种角色是亘古不变的，你仍然是孩子的家长，但我们要把"感受"放在第一位。换个角度想，我们平时没有机会深入了解孩子的校园生活，线上学习刚好给父母提供了一个了解孩子学习状态、社交关系的良好机会。这个机会，应该好好珍惜。

2. 线上学习，他究竟学会了多少

线上教学又称主播式教学，是指老师用主播的方式，在"钉钉"上给学生上课，以增强与学生的互动及课程的趣味性。

"同学们，老师要开播了"
"这道题很重要，背它背它"
"听懂了扣1，听不懂扣2"

正式开始线上教学，老师摇身一变成了主播。为了让学生们吸收更多知识，老师们也是使出了十八般武艺：物理老师为了让课程更加有效果，把卫生间的墙当黑板；语文老师在家没有教鞭，直接拿扫把当教鞭；体育老师在屏幕前吹哨，被楼下邻居投诉；数学老师讲到动情之处，点上一支烟，直接被封号。诸如此类，老师卖命地准备课件，而学生却不买账，老师请同学打开摄像头，发现有些同学直接葛优瘫式地在沙发上学习；有些同学被老师点名发言，立马画面定格，让老师误以为网络不好，可是家里的猫却在屏幕面前来去自如；还有的同学直接用另一个设备玩起了斗地主，老师问"X+Y=？"话筒里传来了王炸的声音。这不得不让家长担心：线上学习，他究竟学会了多少？

孩子线上学习，父母崩溃？这种学习方式真的是块"试金石"，平时孩子在学校里有老师管束，在家里有父母管束，现如今很多家庭里的孩子基本靠自己管自己。与此同时，线上学习又何尝不是父母的"试金石"？对于孩子的学习，平时我们是推着往前跑、老师做甩手掌柜,还是更侧重于孩子的习惯养成?一节线上学习便全然揭晓。

回想孩子在家学习的那段时间,身为家长,忙着抢菜、团购米面,忙着居家办公,回领导、客户电话,一回头看了眼正在线上学习的娃,正歪头盯着窗外发呆,更焦虑了……

如何才能解决这种焦虑呢?

第一,自律从来都是在润物细无声中形成,而非责骂或教训的结果

"我白天忙着做三餐、群里团物资、回单位邮件,一回头看了眼上网课的孩子,正歪头盯着窗外发呆,顿时感觉那个血压不要太高!""我家孩子整整一个假期一页卷子都没写完,不能好好坐定写写字,东张西望,注意力不集中。"这些情形,在父母的眼里都是"不够自律"的表现,似乎怎么说、怎么劝都没用。为此,家长们说上个课,我的嘴皮子都磨薄了一层。

那究竟什么是自律呢?

自律,指在没有人现场监督的情况下,通过自己要求自己,变被动为主动,自觉地遵循法度,拿它来约束自己的一言一行;指不受外界约束和情感支配,依自己善良的意志,按自己颁布的道德规律而行事的道德原则。

家长意识到自律对孩子的重要性,看到孩子线上学习时专注力不行、走神、小动作多,便心急如焚,直接定义为自律能力太差。而自律是一个过程而非一个结果,我们和孩子为自律习惯的养成做了哪些事呢?

第二，自律源于主动而非被动

许多父母习惯性地帮助孩子做事，看到孩子遇到困难，自己可能比他们还着急。尤其是线上学习开始的时候，老师一提问，家长的眼神立马看向孩子，似乎是说这么简单你都不会，恨不得马上替孩子作答。久而久之，孩子停止思考，陷入自卑。

张伯苓任南开大学校长期间，有一次他看见一个学生手指被熏得焦黄，便指着他说："你看，把手指熏得那么黄，吸烟对青年人身体有害，你应该戒掉它！"但这位学生反唇相讥："您不也吸烟吗？怎么说我呢？"当下张伯苓将自己所存吕宋烟全数拿出来，当众销毁，并表示再不吸烟。后来果真如此，张伯苓再没吸过烟。

这就是主动成长法则，用这个法则让孩子学会自律，就好比是把卫星送上了轨道，孩子就可以自行运转了。

第三，自律养成靠妙招而非盲打

首先，在家学习也要有仪式感。很多人感觉在家线上学习不需要见人，让孩子在家穿着睡衣也可以，不用洗脸，也不用梳头发。这种状态很难让孩子找到上课的感觉。所以，该有的仪式感一定要做到位，跟正常上学期间一样，该起床起床、该洗漱洗漱，换好衣服。让孩子知道线上学习只是换个地方上学，并不是放假在家。父母也同样适用，居家办公亦是如此。

其次，不催促只提醒。只需要告诉孩子今天的具体课程和时间，让孩子自己把握。开始上课后，和孩子一起听课试一试，一方面是通过这个过程观察孩子的听课状态和学习情况，另一方面也起到监督的作用。

总之，关注孩子自律养成的过程而非单单只看结果。同时，坚持"主动成长法则",尊重孩子自己的节奏,让孩子自己做出选择,而不是责骂或教训。

家长在家庭中的作用要大于在屏幕里的老师,优秀孩子的背后都站着用心陪伴的父母。俄国著名作家陀思妥耶夫斯基说过:"如若你想征服全世界,你就得征服自己。"

小练习

1. 自律习惯的养成需要循序渐进,先从保证休息时间开始!

时间	姓名	睡觉时间	排名	鼓励区	进步区
5月11日	爸爸	晚上10:00	3		♥
5月11日	妈妈	晚上9:30	2		
5月11日	宝宝	晚上8:30	1	☀	

2. 请和孩子一起创设一个家庭学习区吧!

第三节　在家学习需要"软功夫"

> **来热身啦!**

在家学习是否需要仪式感?
A. 需要
B. 不需要
C. 不知道什么是仪式感
你的选择是 _____

> 在家学习需要"软功夫"
> 这一节,你最想了解的是什么?

1. 孩子放假,自己上班,父母要如何平衡
2. 学习成绩有节点,学习力却没有

1. 孩子放假,自己上班,父母要如何平衡

平衡的前提是面对,面对之后会有方法。

豆豆妈妈在暑假给豆豆报了线上兴趣班，最近却总被老师点名批评，说她不重视孩子的线上学习，不及时回复老师的问题。豆豆妈妈受到这样的指责，一时间情绪没控制住，崩溃大哭。她说，自己要加班开会，根本没有那么多的时间看信息，实在是回复不过来。相信很多家长都能理解豆豆妈妈的心情。

孩子放假在家，自己却工作繁忙，相信你的身心都会受到很大挑战，因为你永远不会知道在你忙工作的时候，你的娃会闹出什么幺蛾子。

放假不完全等于度假，明确规则是首位。

第一，转变心态，积极生活

如何让孩子过一个有意义的假期是需要跟孩子共同规划和执行的，放假不等于单纯的度假，营造积极健康的假期生活方式需要全家人的努力。

第二，保证时间，生活规律

安排好时间，不能因为是假期，就开始晚上不睡，早晨不起，一日三餐也全部乱套。保证良好的作息时间和生活规律，需要全家人协同作战，明确分工。

第三，创设环境，幸福加倍

创设好环境，划分好学习区、工作区和娱乐区。全家人在一起的时间过长很容易造成紧张，无论是心理上的还是生理上的。我们有的时候会在餐桌上办公，有的时候会在卧室床上开会，而孩子的学习也是随便窝在沙发上，学习桌上堆满了奶奶送来的各式各样的零食。妈妈正在认真地准备明天分享的课件，突然爸爸一边打着工作电话，一边递来了一个苹果，本来文思泉涌，突然就被打断了。

大家犹如战场上的士兵，东逃西窜找不到自己的领地。不如让大家各自认领自己的地盘，如果需要借用别人的领地，请提前沟通。关于娱乐时间大家可以共同约定，定好娱乐区域，共同享受在家的亲子时光。

我们相互陪伴的时光有限，生活是一本精深的书，别人的注释代替不了自己的理解，希望在和孩子相处的日子里，我们能有所发现，有所创造。

2. 学习成绩有节点，学习力却没有

学习的目的是爱上学习，持续地爱，并非完成任务。

美国著名教育家丽塔·皮尔逊在演讲中，提过这样一个问题："如果你的孩子做20道题，错了18道，你的反应是什么？"

A.你每天都学些什么，看看都错了

B.冷嘲热讽，你可真棒啊，怎么不都错了啊

C.认真微笑着对孩子说："恭喜你正在渐入佳境，我们看看对了的这两道题是怎么做到的，下次是不是可以做得更好。"

你的选择是 ＿＿＿＿＿＿

丽塔在采访中说道，-18让人觉得很没有希望，+2意味着我并没有那么糟糕。你看到的是+2还是-18是孩子是否喜欢学习的关键。

我们是希望孩子短暂地给学习一个交代，还是持续拥有学习能力？

大家用过哪些方法让孩子尽快去学习？最后的效果如何？可以

填写在下方的表格里。

方法	效果

"感觉好，才能做得好"，如何让孩子对学习这件事情感觉好呢？方法就是"彩虹连连泡"吹起来。

孩子更爱学习还是更爱玩？

A. 玩

B. 学习

你的选择是 _____

学习是个复杂行为，需要调动全身的器官去配合。所以为了让大脑能够尝到甜头，学习的时候也给大脑一点刺激，让大脑兴奋起来。怎么做到"彩虹连连泡"呢？就是想尽一切办法夸赞孩子的行为，比如，女儿在写作业时，会让我在旁边看着她写，一般家长就是指点江山，自己仅有的那点知识储备都用到孩子身上了。而我会说："哇哦，你这个 U 可真有力量，没有翘尾巴，feng 这个 en 挨得好紧，它们这也不怕冷了，O 写得真标准，封口封得真好，一会儿你可以教教我吗？"一通"彩虹连连泡"下来，你会看到，孩子本来要飘起来的笔画在你的语言激励下开始规范、工整，发现自己写得不好还会主动擦掉重写。现在她畏难学习时，会跟我说："妈妈，你可以吹一会儿'彩虹连连泡'吗？"我吹一阵子，她就会说够了妈妈，我有力量了，自己就能够安静地继续学习了。

家长会觉得，这样还了得，学习不是他应该做的事情吗？做不好还怪我没夸？大家希望孩子的学习力是长期有效还是短期有效？思考一下，再决定我们应该如何做。

学习成绩有节点，学习力是没有的，培养孩子一生的学习能力而非仅在求学阶段这几年学习。有些人学校毕业后再也没有看过一本书，有些人却长期保持着读书的习惯。人生的境况各有不同，一个人并不能体验到百种人生，悟到千种真理，但书籍里有。书籍是最能够送你去远方的工具，让孩子的学习力持续到老，想想这该是多么幸运的一件事情。

为未来而教，为现在而学。人工智能时代的来临，未来的工作并不能够被预测，但是人的创造力、好奇心是驱使内心永动机自转的基石，学习要的是此时此刻的喜悦，而并非名次和奖杯。

"彩虹连连泡"会失效，但是你与孩子在一起的感觉会永存心里。孩子并不是指望父母能够万事通，只需要一事通：懂我。

小练习

1. 孩子放假期间，你家的特殊仪式感是什么？
2. 游戏"'彩虹连连泡'吹啊吹啊"，找一个时间全家一起玩。

第四节　如何让孩子从"他驱力"到"自驱力"

来热身啦！

如果有一种方法可以让孩子立马遵照你的方法执行，却损害你们长远的亲子关系，另一种方法是不会马上见效，但从长远来看能够巩固你们的亲子关系，你会选择哪种方法？

A. 立马见效

B. 长远有效

C. 那要看什么事情，以及我能不能控制情绪

你的选择是 _____

如何让孩子从"他驱力"到"自驱力"这一节，你最想了解的是什么？

1. 要想孩子有效率，爸妈就得发脾气
2. 好好学习居然是一句空话

1. 要想孩子有效率，爸妈就得发脾气

嘻嘻患有过敏性结膜炎，需要滴眼药水帮助治疗。因为是第一次使用眼药水，似乎有本能的抗拒。妈妈见状直接跟孩子讲："眼药水而已，并不疼。"看孩子并没有进行反抗，妈妈迅速地给孩子完成滴眼药水的动作。第二次还需要滴眼药水时，孩子本能地避开了妈妈，选择让爸爸尝试一下。孩子还是一如既往地害怕，爸爸很温柔地回应："嗯嗯，爸爸知道，爸爸小时候看到滴眼药水也很害怕，你比我更加勇敢。"同时还让孩子做出选择：是自己帮助撑开眼睑还是爸爸来，同时不断地给孩子讲笑话，让孩子在很轻松的情景下进行了一次愉快的体验。整个活动下来，耗时与妈妈的方法相比长了10倍不止。

如果你是孩子，下一次你会选择谁帮你滴眼药水？

A. 妈妈

B. 爸爸

你的选择是 _____

为什么你会做出这样的选择，请说出你的想法。

不知道大家跟嘻嘻的选择是不是一致？她每次滴眼药水都会主

动地绕过妈妈,去找爸爸。

遇到孩子在一件事情上畏难,而刚好这件事情又非做不可时,你认为:

A. 不由分说,别磨叽,赶紧去做,别等我生气

B. 先试图说服对方,无果后直接发飙

C. 尊重孩子的感受,跟孩子一起一点点战胜畏难情绪,逐渐从发泄情绪向解决事情转化

你的选择是＿＿＿＿＿＿＿＿

A的做法显然是能最快达到效果的,孩子也会在家长的威严下屈服,但这个方法家长们已经深有体会,随着力量的天平逐渐变化,吼叫打骂的威力会逐渐降低。

B的做法是很多初接触养育教育的家长常犯的错误,因为知道打骂不对,要学会尊重孩子,刚开始还能够尊重,态度温和,到后面自己感觉演不下去了,大发脾气,最后会在内疚自责中入睡。

C的做法是一个长期有效、短期耗费精力且见效很慢的行为,需要不断将学习到的知识与实践结合,当家长尝到一次甜头,以后就会是一种"习惯成自然"的养育方法。

长期有效和短期有效如何分辨?从感受出发,就是看培养了孩子的某项能力,还是仅仅发泄了情绪。

(1)经过这件事情后,孩子是爱学习,还是讨厌学习。

(2)是学会了懂礼貌,还是从此以后不跟邻居打招呼。

(3)是学会了幽默,还是感受到了嘲笑。

(4)是增强了解决问题的能力,还是仅仅感受到自己很笨。

（5）从错误中吸取了教训并改正，还是只感受到了愤怒。
（6）是质疑自己，还是学会了接纳自己。
（7）是学会了自律，还是只感受到了不耐烦的催促。
（8）是愿意大胆跟父母表达，还是不断撒谎。
（9）是凡事都认为是对方的错误，还是勇于承担责任。

希望孩子能够在某件事情上成长，提高能力，就抛弃短期有效的方法，从长远角度出发，尊重孩子。正如很多女性都有过减肥的经历，直接选择绝食，身体就会出现报复性饮食，短期掉下来的几斤肉很快会反弹；若是每天合理饮食，体重不会很快下降，对于减肥的我们似乎很没有成就感，觉得减肥没有效果，而一旦长久坚持，不仅体重下降了，体质也更好了。同理，孩子的学习亦是如此。

要想孩子有效率，大人就得发脾气？你还有什么新的想法吗？请记录下来：

2. 好好学习居然是一句空话

话不在多，有用则灵。

嘻嘻在5岁的时候，由于牙齿开始出现黑色斑点，全家人都很重视她的牙齿情况，每天晚上到了刷牙时间，就是全家人最紧张的时刻，所有的家庭成员看到孩子的第一句话就是："一定要好好刷牙哦，否则牙齿就会更坏了。"家长们并没有将这句话放在心里，认为每人说一句一定加深了孩子的印象，牙齿一定会刷得白白净净的。若干天后的一个晚上，大家还是如期地提醒着孩子，孩子过来跟妈妈说想尝试自己刷牙，需要将卫生间的门关上，家长还觉得孩子终于独立了，主动提出自己刷牙。几天后发现孩子的牙齿没有任何好转，老人们开始你一言我一语地说起来："就是不能交给孩子一个人吧，还是要家长陪着刷，什么培养独立，牙齿都坏了。"孩子终于爆发了，哭泣道："所有人都告诉我好好刷牙，可是我并不知道什么才是好好刷牙。"全家人恍然大悟，孩子知道要好好刷牙，可是并不知道具体步骤，所以她选择了自己解决的方式，将房门锁起来，自己一个人面对，也是尽自己的努力做到最好，可是结果却不如人意，在巨大的压力下，终于将自己的困惑表达了出来：究竟怎样做才是好好刷牙？

我们也经常告诉孩子好好学习，可想而知这是一句没有用的废话。

生活中的废话知多少？中招的请在（　　）中画√。

（1）你要好好学习（　　）

（2）你要认真听讲（　　）

（3）学习要努力哦（　　）

（4）跟同学搞好关系（　　　）

（5）听见我说了吗（　　　）

（6）你就玩儿吧，作业也别写（　　　）

（7）你自己看着办吧，我不管（　　　）

（8）去找你妈（　　　）

（9）要遵守餐桌礼仪（　　　）

怎么就是废话了呢？

因为我们只是将结果告诉了孩子，有些甚至都不是结果，是期望，可过程却如炖肉秘方般私藏起来，一点没向孩子透露。

到底如何好好学习？

作为家长的我们需要帮助孩子拆分"好好学习"的步骤。

第一步，跟孩子一起制订一个学习计划，认真安排时间，将时间分为必须时间、正常学习时间、业余时间和其他时间。计划虽然不能完全解决学习问题，却可以做导航，就像一艘小船，在海洋里航行，需要一个导航才能到达彼岸。

必须时间	吃饭、睡觉、喝水、上厕所等
正常学习时间	语文、数学、英文等学科类
业余时间	运动、看电视、玩游戏等
其他时间	自己可以安排一个专属于自己的惊喜时间

第二步，预习。在开始认真学习之前，要提前了解大致内容，让自己的脑袋里有个轻重详略的初步记忆，当老师讲到重点或是自己疑惑的知识点时可以着重听。尤其是线上学习，提前预习更加重要。线上学习干扰因素很多，跟教室有所不同。因为老师和同学在不同的活动区域，不能够及时看到学生的反馈，会将大量的时间用

于整顿班级秩序、延时等待，这个时候，如果没有提前预习，注意力会随时被打断，何况是在自己的家里，一会儿看一下床上的布娃娃，一会儿听一下楼下车辆的声音，注意力很难被拉回来，没有一条思路牵着，一节课就在溜神中度过了，所以预习是为了给自己的大脑系上一根绳子，牵着自己的注意力走。

第三步，要学会充分利用课堂时间。很多孩子会认为给课件拍了照片就不用认真听讲了，过后又没有专门的时间拿出来再次学习，所以学习只能停留在照片里。要跟着教师节奏，随时做作业笔记，可以按照自己喜欢的方式记录，什么样子的记录方式能让自己愿意再次打开本子观看，都是可以的。

第四步，学习后一定要及时复习。遵循记忆遗忘曲线，可以将遗忘曲线讲给孩子听，让孩子知道自己记不住不是因为自己笨，而是记忆就是有遗忘的。为了避免遗忘，我们需要遵循记忆规律。复习也是有方法的，重点复习老师课上讲的难点以及自己上课时感觉模糊的知识。

可以参考艾宾浩斯遗忘曲线。

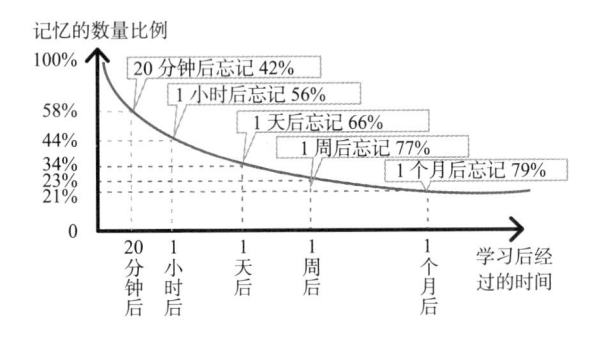

艾宾浩斯遗忘曲线

第五步,让孩子找一个地方,来做自己的"学习舱"。环境可以根据自己的喜好进行布置,主要目的是这个地方能给自己能量,这个地方属于自己,孩子自己可以制订规则,如什么时间家人不能打扰等。

同理"好好学习",生活中的其他场景,能够被拆分的事件有哪些?可以自行填写。

原有语言	拆分步骤(简短举例)
1.要懂礼貌	1.可以从"你好"练习起
2.你要认真听讲	2.听课时可以双眼直视老师的眼睛
3.	3.
4.	4.
5.	5.
6.	6.
7.	7.
8.	8.
9.	9.

那么计划就一定可行吗?最重要的是我们改变的过程。答案就在问题里,我们和孩子一起发现问题,找到答案。

小练习

1.跟孩子一起布置一个属于孩子自己的"学习舱",可以先让孩子动手画出来,绘画是小朋友很喜欢的表达方式。

2. 你打算做哪些事情，让"好好学习"不再是一句空话？

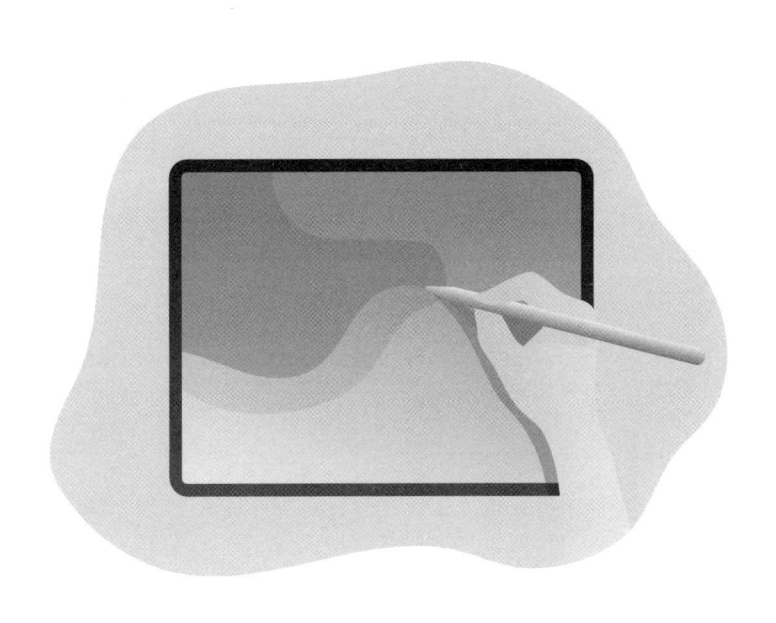

第 六 章
屏幕下的价值观

价值观决定人生的方向和目标。

——爱因斯坦

第一节　没有被点赞的生活值不值得过

> **来热身啦！**

精心准备了一条朋友圈，经过不断地修图、整理、排版，发出去后，你会不会关注到底能有多少人点赞？

A. 会

B. 不会

你的选择是 _____

写下你等待点赞数量增加时的心情_____。

> 没有被点赞的生活值不值得过
> 这一节，你最想了解的是什么？

1. 朋友圈就是社交圈，是这样吗
2. 朋友圈点赞得越多代表自己人缘越好，是这样吗
3. 总是发布孩子的照片，要如何保护孩子的隐私

1. 朋友圈就是社交圈,是这样吗

一天,在跟一位妈妈连麦的过程中,看到屏幕上飘出几行字:"老师,帮帮我,我想连麦。"因为会有很多恶作剧的小朋友,所以我一再确认是不是真的需要帮助,确认后便将这位小姑娘接进来。连麦后听到这个小姑娘甜甜的声音:"老师您好,我今年9岁了,现在在家,我有个问题很困惑,就是其他同学发朋友圈有很多同学点赞,可是我发朋友圈就没有人点赞,是不是意味着我的人缘不好,我不受欢迎啊?"听着小姑娘有序地表达着自己,不禁感慨,9岁不应该是无忧无虑的年纪吗?现在的孩子思想负担还挺重,那么在意外界对自己的关注,本该花样的年纪却戴着这么重的枷锁。

网络时代给我们的社交打开了一扇大门,似乎朋友圈里才是真实的社交,孩子这种认知又是从哪里习得的呢?现在成年人的社交也存在朋友圈,生活中不一定都是游山玩水,但游山玩水能增加我的调性,必须发;每天也并不是山珍海味,但山珍海味能代表我的气派,大鱼大虾必须发。现在补课班的老师也会为了增加报名人数,让家长大肆打卡、发圈,让所有人都来围观孩子的成绩。有时候为了发好一条朋友圈,不断地增减修改,找角度,将真实的生活掩盖。朋友圈成就了我们的另一种人生。也许发着发着会真的以为生活就是那个样子,开始将自己的需求调高,可回看自己的现实世界又开始焦虑、苦恼、彷徨。

朋友圈也并不都是坏处,很多人的生活是否也给到了你些许灵感?他对生活的态度是否也让你羡慕?带孩子的方式是否也给你一丝启发?是不是也可以在朋友圈里周游世界各地?

找准自己的定位，用好朋友圈，守住自己的初心。

关于朋友圈或是自媒体上的点赞行为，是不是孩子有问过同类型的问题？请尝试跟孩子探讨一下。

2. 朋友圈点赞得越多代表自己人缘越好，是这样吗

现在小到 3 岁的孩子，画一幅画或者自己做了一个手工，都会要求家长帮忙发朋友圈，看看有多少人点赞了，似乎点赞数量决定了事情的价值。每个人都开始关注别人的看法，而忽略了自己做事情的初衷。

你认为别人为什么会点赞你的朋友圈，原因是：

A. 我们关系很好

B. 也许是刚好产生共鸣

C. 我的内容对他有用

你的选择是_____

《高效能人士的七个习惯》一书中讲到关注圈和影响圈。关注圈，即所有被我们知道的事物。书中又把它叫作"认知范围""认知圈"。影响圈，即我们不但知道，而且投入了很多时间和精力学习过、钻研过、刻意练习过，已经内化成了自己的一种技能的事物。有人也把它叫作"能力范围""能力圈"。很多人都过分看重关注圈，就像现在的娱乐媒体，经常将我们的视线和专注力带走，真正对我们的生活有什么作用呢？我们应该去刻意练习、去经营我们的影响圈。你是谁，对于别人来讲根本不重要，你能给别人提供什么样的价值才重要。那我们如何从关注圈转向影响圈呢？

积极主动者的焦点

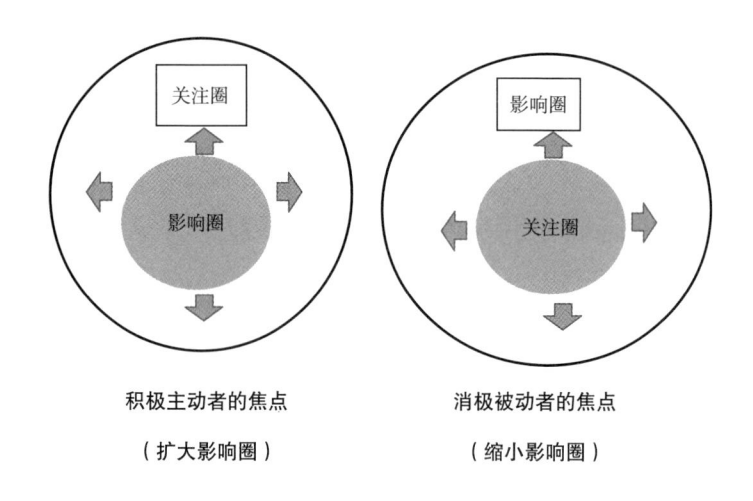

（扩大影响圈）

消极被动者的焦点

（缩小影响圈）

朋友圈点不点赞是别人的选择，跟你没有任何关系，你的朋友圈发什么，由你的选择决定，你希望传递什么就发什么。

消极被动的语言有：

我无能为力了

我就是这样

他快气死我了

他们不会同意的

我只能这么做

我不能

我不得不

要是……就好了

……

积极主动的语言有：

我可以

我选择

我打算

我愿意尝试

……

只有我们在影响圈下功夫，让自己主动做出选择，才能够不断给自己增加能量，最终去影响别人。

生活当中，很多人都希望自己的语言能够影响别人，看到别人教育孩子有瑕疵，就教育对方应该这样那样；反之如果对方不听自己的，又觉得自己有口难言，或认为对方不知好歹。更多的时候，我们需要做的仅仅是"做自己该做的"，剩余的交给对方去选择，去影响，而并非去主观改变。

成年人的世界，只筛选不教育。能够教育对方的是"痛苦"，痛苦比快乐驱动力更强。

3. 总是发布孩子的照片，要如何保护孩子的隐私

无心的行为，暗藏玄机。

家长总是指责孩子身上的毛病，却也在享受自己的朋友圈带来的虚荣感。给孩子拍照不经任何修饰就发到网上。有些家长将自己孩子小时候的照片发到孩子的同学群里。

关于孩子的隐私意识是需要从小开始培养的：

第一，为孩子创造良好的隐私氛围

让孩子认识自己的隐私部位。

父母要在孩子面前注意自己的言行。

不开隐私部位的玩笑。

第二，尊重孩子的隐私，有不好的感受要说出来

如果洗澡时，碰到孩子的隐私部位，孩子表达不舒服，一定要尊重，不能指责孩子矫情。

告诉孩子，任何人都不可以以任何理由看自己的隐私部位，如果有人要求，记得回来告诉爸妈。

第三，隐私意识的培养要适度

隐私意识要有，但也无须谈虎色变。

做好相应措施，平时保持放松即可。

小练习

1. 请将生活中消极被动的语言变成积极主动的语言。

消极被动的语言	积极主动的语言	备注
他就是这样的孩子	他确实有坚持的优点	

2. 跟孩子商讨：如何保护自己的隐私部位。

第二节　美颜之下什么是真实的美

> **来热身啦！**

当你打开相机拍照时，你会：

A. 原相机，自然拍摄

B. 必须上美颜，最少也得来个滤镜

C. 对无美颜的世界零容忍

你的选择是 _____

> 美颜之下什么是真实的美
> 这一节，你最想了解的是什么？

1. 沉迷美颜无法自拔，而现实生活中什么才是真正的美
2. 关于"美"该如何给孩子启蒙

1. 沉迷美颜无法自拔,而现实生活中什么才是真正的美

美是一种感受,它不仅仅是视觉上的。

有一次跟表妹聊天,她吐槽家里有个亲戚给孩子拍照美颜使用得太过了,孩子的眼睛本来就很大,还开了大眼功能,美颜后将孩子的五官都拍得变形了。也许大人会有容貌焦虑,况且爱美之心人皆有之,不要太过即可。几个月的宝宝,拍照都要开美颜着实有些没有必要了,完全看不到孩子的童真和可爱,在审美价值观的驱动下,孩子们很难认识到什么才是真正的美。还记得小时候,正值青春年少之时,连脸上的红脸蛋都透露着年轻的气息。有一次路过一所学校,出来的中学生们,女孩子统一的短裙,脸上全是惨白惨白,画着不符这个年龄的妆容。我跟同事还热议了一番,如果是我们小时候,估计少不了家长的一顿暴揍吧。

现在很多青少年不能接受自己本来的面目,对自己苛刻,美颜之下折射出找不到幸福感的焦虑。爱美之心,有度就好,身体发肤受之父母,我们要学会接纳自己。

那么如何接纳自己,从一件小事出发。

有一天,女儿突然跑过来问你,妈妈我漂亮吗?

A. 你一点也不漂亮

B. 一般般吧,小时候好看,现在不怎么好看

C. 很好看,除了外表好看外,还有其他方式能让你更好看?

你的选择是 ＿＿＿＿＿＿

美是需要内外兼修的，家长不仅要肯定，更要启发。

家长们会觉得夸赞自己的孩子说不出口，会让他骄傲，让他没有上进心，其实大可不必。请问：从小你是喜欢父母夸你，还是无论在谁面前都损你？你会因为父母的夸赞，就觉得自己似电影明星一样美丽吗？当然不会，你会在不断的成长过程中，摆正自己的位置，你内心会是暖的，你从内心开始接纳自己，因为你的父母肯定你。

家长对孩子的肯定，是孩子对自己肯定的第一步，同时还要学会引发孩子的思考，拓展孩子对美的认知：锻炼会让身材苗条；微笑会让人看起来有魅力；读书可以增加人的气质；衣着得体会增加人的自信。从不同角度诠释美，让孩子对美有整体的认知。

只有接纳真实的自己，那样的美才是真实的，有力量的。

2. 关于"美"该如何给孩子启蒙

孩子与生俱来的审美，也许你不懂。

最近视频上有一个段子很火，主要讲的是十几岁的女孩子们怎么做到全国统一：每天穿宽松的衣服，驼着背，不敢挺直胸膛，头发前面留两根须子，跟鲇鱼一样。全国男生的统一装扮是：头可以不梳，脸可以不洗，但鞋子必须保持亮白，一尘不染。

拉起一波回忆，还记得你小的时候，男生女生都流行什么发型吗？

女生：_____

男生：_____

孩子在小时候就应该树立正确的审美观，但父母并不应过多干涉。

相信孩子有自己的审美，记不记得小时候，妈妈强行让你穿上的那个红毛衣，经过自己的一番操作，加上一串项链，绑上一根丝带，似乎超越了妈妈的审美，你却能开心地出门。

关于"美"如何给孩子做正确的启蒙：

（1）相信每一个孩子都有自己的审美，尽管他穿了红裤子和绿上衣。

（2）多带孩子去看美的东西，大自然就很美。

（3）妈妈要懂得欣赏美、表达美，不仅限于化妆美。

（4）小龄宝宝多买鲜艳的衣服、配色好看的衣服。

（5）尊重孩子的选择，自己选择出门穿的衣服。

（6）如果有条件，多带孩子去看看各种展览。

（7）多带孩子观看配图布景优美的电视节目，比如《航拍中国》《如果国宝会说话》等。

（8）给孩子自己搭配的机会，比如举办家庭时装秀、迎春宴摆盘等。

（9）给孩子拍照的机会，让孩子针对每幅作品进行点评，比如色彩、布局、光感等。

（10）鼓励孩子对美的一切细节，正向激励，而非嘲笑讥讽。

比如：

"你画得可真不像，猴子长这样么？哈哈哈哈……"

应改为：

"我看到你画的猴子好生动啊，尤其是那双灵动的眼睛。"

请不要用大人的眼光去评判孩子眼中的世界。

[第六章]——屏幕下的价值观

从孩子的作品中，你感受到了什么？请用词语描述出来。

_____

懂得欣赏孩子，你才能够和孩子更亲近。美从来不缺，缺的只是我们发现美的眼睛，而这种感知美的能力，孩子一定比我们强，坚信这一点，你会发现世间不一样的美。

小练习

1. 针对人、事、物，邀请孩子和全家人一起探讨我们眼中的"美"是什么样子的。

人物	认为美的人	认为美的事	认为美的物
妈妈			
爸爸			
哥哥			
妹妹			

2.找出孩子的一幅画,用10个能够想到的词语进行夸赞,记得要走心,落到细节。

错误示范:你画得真好。

正确示范:你这个猫咪眼睛画得很有神。

第三节 从"内容消费者"到"内容产出者"

来热身啦!

现在网络世界如此发达,我们的角色可以是:

A. 我和孩子只能是"内容的消费者",俗称观看者

B. 只要我们想要输出,有自己的观点和价值观,我们也会是"内容产出者"

C. 想,但是不敢,不会

你的选择是 _____

从"内容消费者"到"内容产出者"
这一节,你最想了解的是什么?

1. 同为内容消费者,为什么不让孩子看手机
2. 网络"小V"初长成,我的孩子哪里行

1. 同为内容消费者，为什么不让孩子看手机

很多家长头疼孩子为什么总是看手机、看电视，每次跟孩子苦口婆心地说，都抵不过孩子一句话："你们还总是看手机，为什么不让我看？"是不是瞬间哑口无言了。

小李是一个职场妈妈，每天下班后还会接到领导布置的任务，所以要不断使用手机。刚坐下来陪孩子玩一会儿，电话就来了，孩子很扫兴地说，总是工作，都不能陪我玩会儿。同为职场妈妈的小张是公司的采购经理，需要不停地在网上采买、退换、沟通，在各大购物平台小张已经是常客，不是在电脑上沟通，就是在手机上洽谈，时刻离不开电子产品，就像丈母娘说的那样：感觉手机都挂耳朵上了。家长也是无奈，现在很多工作确实需要手机电脑来处理，一天到晚最讨厌的就是这两样东西，可是哪一样也不能丢掉。一边是工作丢不掉，一边是孩子真真切切地看到爸爸妈妈每天就是在看手机和电脑。有的时候也会被孩子抓个现行，刚刚挂完老板的电话，正打算挂掉电话后去陪孩子玩儿，却看到社交软件推送了一条新闻："某地高温，导致数百名人员中暑"，每一条新闻都直击你的心灵，一条接着一条地刷下去，刚好孩子推门进来说："爸爸，你不是在打电话吗？怎么你在玩儿。"瞬间傻眼不知道该怎么跟孩子解释，时间长了，孩子也就不相信我们了。我们说用手机是在工作，却被他们撞见无数次在用手机娱乐。当我们义正词严地告诉孩子"你不要看手机"的时候，自然会遭到他们的控诉。

孩子和我们同为网络内容消费者，如何做才能让孩子明白：我们看手机、看电脑是在工作，而不是无节制地"玩"呢？

撕掉面纱，开诚布公

保证跟孩子透明，让孩子能够将自己的能量用到有用的地方，而不是跟我们打游击战上。我们觉得孩子什么都不懂，告诉他们也没有什么意义，懒得跟他们解释我们的行为到底是为什么，我们不在源头解释，就会在更多无意义的事情上解释。孩子不希望看到的是爸爸妈妈有两套执行标准，他们小小的内心也需要平衡感。我们只需要将自己的手机 App 打开，给孩子逐一介绍一下，让孩子知道自己使用每个 App 的目的，不仅能够打消孩子的好奇心，还能够帮助孩子学会整理的思路。比如，有些家长会将购物的 App 放在一起，取名为"大后方支援"；学习类的 App 放在一起称为"学习小天地"；一些搜索软件放在一起，称为"破解世界之谜之地"。无论这些软件叫什么名字，给孩子的主观印象是手机很有用，同时每个 App 的功能不一样，让孩子知道手机的不同用途，更加全面了解我们生活中这个必不可少的挚友。同时将各个 App 告诉孩子，是让他们能够更好地了解父母的工作。比如，爸爸每天登录的这个系统红红绿绿的是做数据统计的；妈妈这个五彩斑斓的图片是为了做演示时使用的 PPT。当孩子来到身边时，可以打开网页或者 App 告诉孩子，妈妈现在制作明天演讲的 PPT，也可请孩子帮忙出一些主意，比如，这个 PPT 配色如何；或者最后一张再见的图片用哪个比较好。由于孩子知道每个软件是做什么的，也不会过分地缠着让你必须陪他玩，而且让其参与了建议，相信孩子会很善解人意地让你结束工作后再去陪他的。

设定专属时间，收获大爱

每天的时间都是固定的，把时间给了其他事情，就不可能给到孩子。我们经常在忙乱的时候看不到孩子,当孩子出现了作业写不完,上课走神,跟同学打架等问题时,家长才意识到对孩子的关注少了。和孩子的相处就像是给情感账户里存钱,我们经常忘记给情感账户充值,而是一味地取钱,比如,让孩子先去玩儿,晚些来陪她;让孩子主动去学习,别总是看手机;让孩子听你的话,像个机器一样,你说什么他做什么;让孩子认真地上课,不要东瞅西看。所有的一切都是在跟孩子讲条件或者是下命令。孩子需要我们的时候,我们却总是有一万个说辞,忙似乎成了我们不能陪他们最大的挡箭牌。其实孩子要的并不多,他们只想在我们身上感受到爱和他对我们很重要。作为父母,我们的时间被分割得细碎,在工作中,我们是员工、领导、客户;在生活中,我们是父母、女儿、妻子、朋友。

我们有很多理由推掉和孩子的约定,去奔赴别人的邀约,因为孩子不会离开我们,不会让我们的生意有损失。事实确实如此吗?

小蔡是一名护士,每天工作很忙,几乎都是在孩子睡眠中出入家门,孩子们没醒她走了,孩子们睡了她回家了。虽然给到孩子们的陪伴很少,可孩子们跟她的关系却很好。因为她有一个小妙招,就是安排跟每个孩子的专属"约会"时间。这个时间是属于孩子的,是她和孩子单独的约定,不需要很长时间,比如周末电影时光,让孩子自己做决定,这段时间妈妈专属他一个人,时间长短不重要,重要的是让孩子明白,这是属于他的专属时间,是父母深爱他们的体现。有了专属的时间,孩子内心就会充满期待和爱,也就更能够让孩子接受你忙的时候没时间陪伴他们的事情。孩子并不需要一年四季黏着父母,高质量的10分钟胜过无意义的1小时。

2. 网络"小V"初长成，我的孩子哪里行

你的目的显而易见，而孩子的兴趣才是关键

话说现如今的短视频，美女帅哥占一半，另外半壁江山就数得上软萌的小朋友们了。不到1岁的小萌娃可以对口型说四字成语；3岁小宝可以日常捉弄爸妈；5岁小孩子可以每天上传世界各种奇葩知识；大一点孩子的各种舞蹈秀、武术秀、街舞秀。回头看看自己的孩子3岁了，还不能完整地说一句话。再看看自己，智商还不如一个3岁的孩子，看到网红小朋友跟爸爸对话的逻辑没一点漏洞，而自己堂堂一个大人吵架都说不出三句。还有很多小朋友跟爸爸妈妈做科学实验，利用简单的小实验让我们明白人生的大道理。而我们也只能默默地感叹为什么同样是孩子，别人家的和自家的差别这么大。

豆豆今年4岁，妈妈会带着孩子一起看短视频，刷到同年龄段小朋友的视频，妈妈总是冷嘲热讽地说："人家也不知道是怎么生的孩子，同样是4岁，人家的孩子街舞跳得有模有样，而你走路都不愿意多走一步，除了看手机什么都不会。"有些家长也会觉得短视频中的小网红都是炒作，背后有团队包装，自己没什么网络意识，不可能把孩子培养成那样，觉得我的孩子压根也不是那块料。无论大家如何看这个问题，在短视频时代的价值观很关键，既不是因为自己的孩子不行，也不是因为自己没能力操作。自己在短视频里的定位很重要：是想成为一个看客，还是希望能够借助新的平台有所产出？

找到孩子的启动键，犹如找到汽车的启动按钮

摆正家长的价值观，网络媒体是传播的渠道，同时也是一把双刃剑，是要利用网络，还是被网络绑架，是主动输出，还是被迫营

业？家长不能盲目看到别人火了，内心痒痒，既不甘又不敢，要么贬低孩子，要么觉得自己能力有限，而是要通过日常的观察发现孩子的兴趣所在，激发孩子远大的梦想，借助媒体实现孩子的愿望。孩子在小的时候，他的愿望大多不是如成人般现实的、物质的，此时父母的认知和格局对孩子来讲很重要。

　　江姐儿子小顿最大的愿望就是每天可以有玩不完的玩具，很羡慕做短视频的小朋友每天可以尝试各种玩具，还能够将自己的玩法介绍给小朋友们。江姐发现了这个机会，立马跟儿子沟通了想法：问他是不是也想介绍玩具给小朋友们，同时还能满足自己玩玩具的愿望。孩子听完很有兴趣，妈妈说短视频有一个机制就是谁能影响更多的小朋友，谁就能够帮助他们推荐玩具。儿子一听有点着急，什么是影响更多的人呢？其实指的就是粉丝，怎么才能够有更多的粉丝，就是要做能够帮助别人的事情。江姐问儿子自己会什么，以及觉得自己做什么可以帮助别人，小顿表示自己比较喜欢动物和植物，那就在平台给大家分享一些自己习得的动植物知识，没想到孩子自己还挺上心，每天都会主动跟妈妈分享自己学习的新知识，并且在拍摄的过程中还能够主动地思考，怎么样表达小朋友能够听得懂，哪种知识小朋友们更感兴趣，男生和女生是不是喜欢的动植物不同，到底如何让他们都感兴趣等。久而久之，小顿逐渐有了换位思考的能力，不再天真地追求自己要什么，而是开始思考别人需要什么。不知不觉小顿已经在平台上输出了将近一年的时间，积累了将近 20 万粉丝，小顿也忘记了自己玩玩具的想法。因为有家长在后台留言说自家的孩子看了他分享的动植物知识，学习到了很多，希望他把学习知识的方法告诉自己的孩子，偶尔还会有很多小粉丝给他留言，说自己在他的影响下开始爱上学习了。小顿备受鼓舞,不仅如此,小顿自己的学习成绩也发生了突飞猛进的进步。老师经常跟江姐说孩子比以前更爱表达自己了,现在学校大小活动都邀请小顿做主持人,可见小顿在短视频拍摄的过程中,找到了属于自己的成就感。

为什么在短视频上的输出会让小顿有这么大的变化?其实小顿和江姐用到了被很多人公认为世界上最好的学习方法——费曼学习法。

费曼学习法是由著名物理学家、诺贝尔奖得主理查德·费曼提出的。其核心就是"通过用简短的语言,向别人清楚地解说一件事,来检验自己是否真的弄懂了这件事"。费曼学习法通过"以教促学"的方式让人在短时间内掌握知识,并且快速吸收。小顿在使用短视频的方式输出时,就如下图的主动学习。当一个人主动去做一件事情,那就真实地表示自己对这件事情很感兴趣,所以寻找孩子的兴趣点很重要。

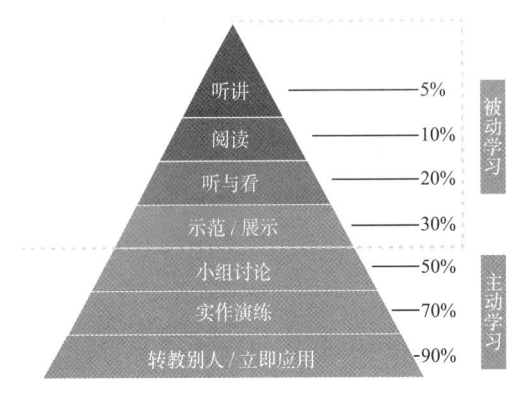

层级	比例	类型
听讲	5%	被动学习
阅读	10%	
听与看	20%	
示范/展示	30%	
小组讨论	50%	主动学习
实作演练	70%	
转教别人/立即应用	90%	

学习金字塔

注:美国国家训练实验室研究证实,不同的学习方式,学习者的平均效率是完全不同的,这就是著名的"学习金字塔"。

坚持的品质很重要——车辆好，行驶时长才是证明的标准

这个世界上聪明的人很多，有想法的人也很多，但能够持之以恒的人却少之又少。现在大家都沉浸在短视频的快消娱乐里，涨粉、及时变现成了大家做短视频的主要目的。作为孩子的父母，我们要时刻警惕，短视频是工具，不要让孩子沉迷于数据里，自己做内容的初衷是能够表达自己的感受，并能够将自己喜欢的知识分享给大家，没有人能一口吃个胖子，在短视频的时代，和孩子来一场与众不同的修行。

坚持很酷，而没有兴趣的坚持就是惩罚。无论网络平台的变化如何，我们所坚守的是孩子的成长，找到孩子的兴趣，借助平台力量，给孩子一片更广阔的世界。

小练习

1. 制订专属的陪玩时间表。

专属时间	地点	准备	特殊装扮

2. 记录孩子的成长，制作一本专属"我的孩子"的日记本。

3. 找到孩子的兴趣，和孩子一起开设一个短视频账号。

第四节　如何跟孩子谈网络下的人生理想

> **来热身啦!**

最近一次跟孩子谈论理想是什么时候?

A. 经常谈论

B. 很久之前,很少谈

C. 还没谈过

你的选择是 _____

> 如何跟孩子谈网络下的人生理想
> 这一节,你最想了解的是什么?

1. 孩子说想过月入百万的人生,你会怎么回答
2. 如何借用网络媒体,记录孩子的成长

1. 孩子说想过月入百万的人生，你会怎么回答

想到，很好；做到，却更酷

还记得小时候老师上的一堂课叫作"你的理想是什么"。那个时候孩子内心多么单纯，有的想做一名救死扶伤的医生，有的想做公交车司机，有的想做花园的园丁，有的想做一名人民教师。每个人都憧憬着美好的未来，前段时间跟大学刚毕业的侄子聊天，询问他接下来想从事的行业是什么？他毫不迟疑地说是做短视频。还有舅舅家的表妹跟表侄如出一辙，希望到一个南方网红城市，大展拳脚。给我的感觉是现在的孩子似乎一求职就是短视频新媒体，诚然，跟上时代很重要，但脚踏实地才是王道。跟一位小姑娘连麦的过程中问其梦想是什么？将来希望过什么样子的生活？小姑娘很羞涩地回答道："我很喜欢那个主播，她们每天就是唱歌跳舞什么的，我也很喜欢，听我父母说她们很赚钱的，我也想赚很多钱……"孩子还在不断地憧憬着她的未来，我突然意识恍惚了，孩子的理想和志向真的只是和金钱相关吗？在生活中，身为人母的我们有问过孩子的理想吗？

如果有一天你的孩子告诉你，妈妈我想过月入百万的人生，你会怎么回答？

A. 不可能，你做梦呢，你娘我什么样儿，你也就这样了

B. 我儿子有志向，妈妈支持你，你自己闯去吧

C. 真好，你很有志向，你希望的生活是什么样子，你有什么方法吗？妈妈能为你做点什么

你的选择是 _____

每一个人在自己的认知阶段内都会有憧憬和愿望，走进孩子内心深处，进行深度的探讨，勿用我们现有的认知框住孩子的思想。将真实的力量带到生活中，让孩子在做中学习，不断修正自己的目标。为了达到这个目标，帮助孩子拆分，找到自己能够达到目标的路径。从目标起点出发，在过程中不断跟孩子对话，不要急于要一个结果，告知孩子是否可以、是否会成功，而要做一个陪伴者，甚至是一个粉丝迷妹，激发孩子对未来憧憬的欲望。

请制作一张"梦想旅程"图纸。让孩子找到一张白纸，将自己的目标设置为终点，让孩子用自己喜欢的方式表达出从起点到终点的距离。有些孩子会用画楼梯的方式，有些孩子会用画高山的方式，有些孩子可能画的就是一条蜿蜒的小路。问问孩子如果现在就是一场旅程，要从起点到达终点，需要经过几个关卡，比如怎么能够做到月入百万，月入百万的人目前都有谁，他们现在在从事什么职业？你喜欢从事什么职业？从事这个职业我们需要具备什么的能力？为了具备这些能力，我们需要怎么做？在探讨的过程中可以请孩子绘画出每一步需要的能力，也可以帮助孩子用文字记录下来。这个"梦想旅程"图纸的制作也许会是一项大工程，或者一段时间就会发生变化，而跟孩子探讨的过程很珍贵，给孩子梳理梦想达成的过程很重要，比孩子是否真实达到目标更重要。因为孩子知道了做事情的步骤，知道一步一个脚印，梦想是需要花时间、费力气来完成。这场沟通并不是为了证明孩子痴心妄想，也不是为了激发孩子为目标不择手段，仅仅是让孩子明白，有梦想很酷，有步骤达成梦想更酷。

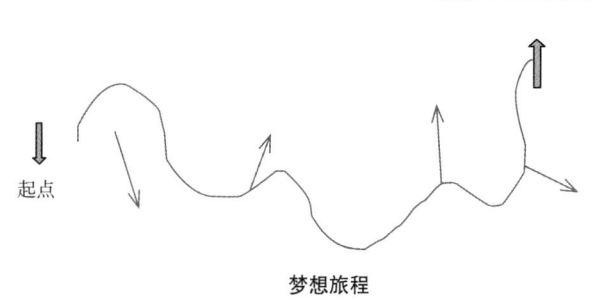

终点：月入百万的人生

起点

梦想旅程

2. 如何借用网络媒体，记录孩子的成长

我陪你长大，你陪我变老，这应该就是父母和孩子最好的相处模式了，能够把孩子成长的一点一滴记录下来，是一件很美好的事情。网络如此发达，家长随时随地可以记录孩子的成长瞬间。

小丽和爱人刚刚做了爸爸妈妈，每天看着软绵绵的宝宝，觉得每一刻都值得被记录，第一次吃手指记录下来，第一次翻身记录下来，第一次长牙齿记录下来，第一次扎小辫子记录下来。太多的第一次，太多需要记录，每天在朋友圈里抛孩子的照片，美的、丑的、隐私的。很多伙伴提醒小丽要注意孩子的安全，小丽不以为然，觉得自己的孩子就是可爱，就是要记录下来，而且觉得别人嫉妒自己的娃娃长得俊俏。殊不知，我们在使用网络的同时，也在被网络窥探。网络上流传一个小视频，妈妈在帮助孩子洗澡，看到孩子被泡泡铺满全身很滑稽，就赶紧拍摄下来，发布到了网上。孩子很紧张地跟妈妈说："如果点赞量超过100，我就会被抓走。"妈妈当然不相信小孩子这种无厘头的说法，便不顾孩子的劝说，毅然将照片发布到了网上，后来真的出现了网络里的怪物把孩子抓走了。虽然这只是一个小的宣传片，不是真实存在的，但却告诫家长，在网络上发布任何信息都要注意保护孩子的隐私。

首先，善用公共媒体，很多人觉得自己发图片关别人什么事情，其实在生活中，你的生活除了父母和关心你的人外，其余的人也有自己的个人时间，不会过多关心他人的事情。朋友圈更像是一个网络社会，有朋友就会有对立面的人。有一些专门收藏的 App 可以下载，全家人还可以共享一个账号，既能够保护孩子的隐私，还能够净化自己的朋友圈，何乐而不为呢。

其次，日记是一个不错的选择，将孩子的变化打印出来，制作专属于孩子的成长日记，用传统的文字方式记录孩子的成长。虽然没有网络发达方便，但父母一笔一画记录下来的点点滴滴更加珍贵。

无论我们是网络时代的看客，还是过客，抑或是网络舞台的主角，唯一不变的价值观就是，我们是网络的主宰者，以终为始地设立目标，借用先进的方式传播自己的见解，让更多的人在网络里受益、成长。

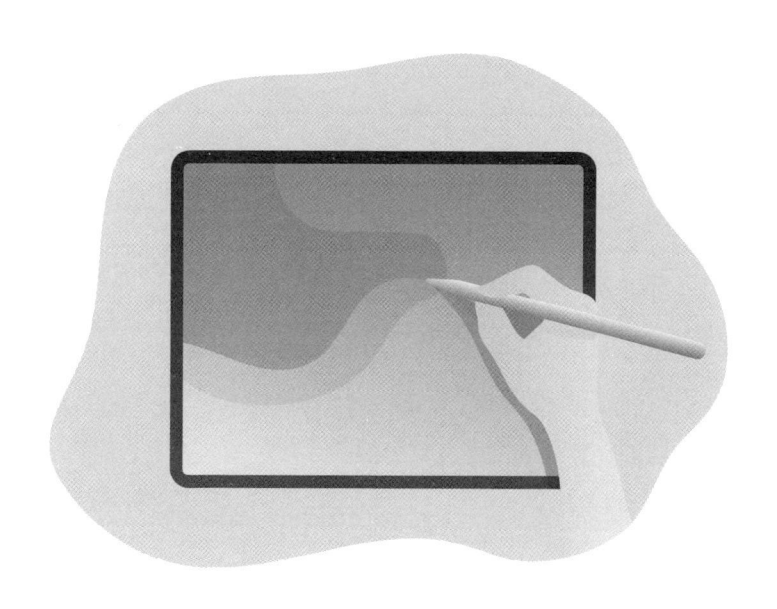

第 七 章
屏幕下的亲子关系

纠正之前先建立连接。当所有方法都行不通时，试试重新建立连接吧。

——简·尼尔森

第一节　与其控制游戏，不如利用游戏

来热身啦！

还记得小时候你最心爱的漫画书吗？爸爸妈妈越是严厉地制止你看，你内心的小人是怎么想的？

A. 听爸爸妈妈的话，不看了

B. 莫名地想反抗，忍不住多看几眼

你的选择是 _____

与其控制游戏，不如利用游戏

这一节，你最想了解的是什么？

1. 不玩游戏就能取得好成绩吗
2. 玩游戏就是浪费时间吗

1. 不玩游戏就能取得好成绩吗

警惕"不……就……"句式

听着电话那头的连麦,妈妈一秒都没有停止过抱怨自己的孩子:每天什么都不做,就是盯着手机看,没有什么比手机对他更有吸引力;一玩手机,饭可以不吃,觉也可以不睡;眼睛就像是长到了手机上,一会儿傻笑一会儿又开始目不转睛地盯着屏幕,就差流出口水了;就是因为玩手机,成绩一落千丈,以前成绩不是很好,但不至于倒数,现在老师经常找我和他爸爸谈话,我们也是焦头烂额,不知道怎么办。

我平静地听完妈妈的阐述,默默地问了一句:"你确定不玩游戏就能够学习好吗?"妈妈沉默了良久,说:"不一定,但我肯定一定比现在强。"

家长们连连跟帖说自己家也是这个样子。可见有许多家长都面临同样的问题。

"不玩手机一定就学习好吗?"这不是一个随便说出来的问题。现在手机帮我们背了不少黑锅,就像是那个理所当然的背锅侠一样。无论生意多么不好做,是不是还有能够赢利的公司?所以不能让大环境成为借口。在这个前提下,开始了跟妈妈的谈话,你觉得孩子玩手机就学习不好,说到这里不得不讲一下对学习的认知,你认为孩子什么样子才是具备了学习状态?

A. 老师一上课端坐在那里一动不动

B. 偶尔认真,偶尔走神也是正常的

你的选择是 _____

为什么会出现偶尔认真偶尔走神的状况呢？你自己在什么情况下出现过时而认真时而走神的状态呢？是不是自己感兴趣的时候非常地认真，不是特别感兴趣的时候就走神游离。比如，一个老朋友过来跟你聊天，聊到了你们共同的好友，你是不是会非常关心地聆听，迫切想知道对方的近况；而当他聊起一个与你无关的事情时，是不是会不自觉地走神，不能全神贯注地配合。同理，孩子也是一样的。老师用网络教学的方式授课，本身接受知识的场域发生了变化。以前在教室里的时候老师是声情并茂、绘声绘色地分享，偶尔还能拿出一个道具来辅助课堂。现在在线上，老师也只能通过自己的努力吸引孩子们的注意力。所以想让孩子们长期将注意力放在老师那里几乎是不可能的。那怎么办呢？就任由他不学习，不认真听讲，就玩吗？当然不是。我们要保持一个积极开放的态度。思考一下当老友跟我们谈起共同的朋友时，我们的兴奋度会牵引我们一直跟着思路走下去。因此，发掘孩子的"兴趣点"就是事情的核心。关于自己孩子"兴趣点"这件事情，相信没人比父母更加了解自己孩子的兴趣点了。你清楚自己孩子的"兴趣点"所在吗？家长在这里就会讲，除了玩，他没有什么爱好。真的是这样吗？你真的用心观察过你身边这个鲜活的小生命吗？小的时候他喜欢观察地上你几乎看不到的小动物，夹缝中那不起眼的石头，书籍上每个人物细微的不同，都被他那双灵动的眼睛尽收眼底，而我们却从来没有关注过人间这些美好。认真地观察，郑重地问一下孩子他究竟喜欢什么？如果孩子说了他的兴趣点，请家长摒弃评判的观点，那是孩子的选择。

以前有个妈妈就说过自己的孩子喜欢当公交车司机，妈妈觉得这个志向并不远大，于是给孩子一顿数落，觉得孩子就是没出息，殊不知这是家长的一叶障目。有一个名人 10 岁之前的梦想一直都是想做一名公交车司机，一路上走走停停，由自己掌控大家上车的节奏，父母并没有打击他，而是选择了尊重，之后他从兴趣出发，研发了很多不同类型的机车。

如果你的孩子说我没什么兴趣，这个时候需要提醒家长，要警惕一下是不是平时的管教过于严格，或者是给孩子说话的机会太少，打击太多，让孩子不愿意去表达。

如果孩子说出了你特别不想听到的答案，请先放下评判之心，认真地倾听，问问孩子为什么会喜欢？在想到这件事情的时候有什么样的感受？这个时候千万控制住自己的评判心，因为这是你和孩子走近一步的表现，这是孩子的选择，不是我们强行扭转就可以的。

2. 玩游戏就是浪费时间吗

妈妈继续说着："就知道玩游戏，总是浪费时间，下课了也不知道多看一会儿书，老师留的作业还没写完，时间都被他玩游戏给浪费了。"

请问孩子的一日时间安排是怎么样的？看看玩游戏在生活中占用的时间到底有多少？听听一位妈妈的述说。

现在的孩子一般从早晨 6：20 ～ 7：00 就开始了早读，中间各科老师轮番登场，只有 10 分钟的休息时间，孩子在电脑旁边坐得腰酸背疼，期待着早点下课，能够休息一下，还遇到了一个超级爱拖堂的老师，将两节课堂中间休息的时间全部压缩了。孩子一时之间不能接受，就开始哭，作业也不写，让我帮他写，自己在旁边玩手机，我让他自己写，他一气之下就挂断了老师的视频直播，直播课也不上了，我也觉得孩子挺辛苦的，就决定让他下楼玩一会儿，孩子就是不听，一直哭，也不下楼玩了。本来中午的时间是可以玩一会儿的，由于我做饭晚了，吃完饭就开始上课，孩子更加恼怒了，至于嘛！不就是没让玩游戏吗？总是玩游戏，就不能把时间用来多看一会儿书。

请问这位妈妈，你是上班还是全职妈妈？如果是一位职场妈妈的话，如果你的领导每天都让你坐在办公室里开会，你的心情会是怎么样的？

很感谢你能够体谅孩子，让孩子下楼去玩，却选择了不恰当的时间。孩子选择在情绪失控的时刻，将课程结束，确实在家长看来是一个不好的行为，而这正是孩子有压力的表现。也许我们应该观察一下，孩子在上课过程中是不是遇到了什么难点，相不相信，但凡有任何解救方法，这个孩子都不会选择将课程下线。同时孩子自己内心一定是自责的，所以当你提出让他下楼玩的时候，他没有这么做，是因为他也知道，现在所有人都在上课，自己下楼也不能玩得心安理得。孩子在上课的过程中应该是有很大压力的，比如，课程内容是不是没有听懂，或者新的上课形式还没有完全适应，这个时候他是不是最需要父母的关心，而不是指责。

以前听一位爸爸讲过他小时候的一件事，是关于逃课的一个故事。他小的时候一直都是班级的佼佼者，受到老师的关注，得到同学的喜欢，感觉自己的价值感满满。但在上五年级的时候，自己的眼睛似乎是有一点近视，黑板上的字越来越看不清了，导致成绩下滑得很严重,这时刚好又遇到一个自己不是很喜欢,又不是很懂自己的老师。老师认为他是因为之前学习好骄傲了,所以现在的成绩一落千丈。这位爸爸并没有告诉家长是自己视力出现了问题,因此成绩越来越差。这位爸爸感觉压力特别大,所以每天上学都会准时从家出发,进入教室之后就跟老师请假说自己的肚子疼,离开教室就在自己家的小区里溜达,直到看到同学们都放学回家了,才假装自己放学了准时回到家里。

这位爸爸成年后回忆,自己当时就是压力太大,又不知道如何表达自己遇到的问题,所以就让自己放逐了半年的时间,联想到咱们家的孩子,是不是也遇到了自己不能描述清楚的问题呢?

所以孩子出现的行为更像是向你发出的求救信号,想让妈妈能够更加关注我,而不是不懂我,一味地教训我,或者一味地迁就我,孩子需要一个能给自己提供能量的妈妈。所以你在孩子情绪表现出无助的时候,让孩子下楼去玩吧,孩子并没有接招。你大声指责,觉得怎么就知道玩游戏,功课还需要我来帮你做,孩子又感觉到委屈。

那接下来我们应该怎么办?做孩子的妈妈,去关心他,是不是一句空话,这里面有两个关键点:做孩子的妈妈和关心他。家长肯定会问,我不就是他的妈妈吗?还说什么做孩子的妈妈,不知道大家有没有注意到,孩子小的时候是如此的可爱,家长开始回忆孩子小的时候多么呆萌、多么聪明,咿呀学语的时候,背诵一句诗词都觉得是如此可爱,可随着年龄的增长,似乎我们的标准无形中发生了变化,尤其是线上学习期间,我们化身成为线上学习助教,化身成为网管,化身成为后勤部长,化身成为孩子的同桌,围绕着学习展开了一系列的活动，但唯独忘记了一个身份——孩子的妈妈，孩子的避风港湾。孩子希望任何时候妈妈都是他最坚实的后盾，无论是学习好还是不好，上课有没有走神，是不是心情不好哭泣了，都希望妈妈能够关心他，和他一起面对问题，而不是问题出现时就质疑他、质问他，一句"就知道玩手机浪费时间"而否定孩子的一切。

家长肯定会想，自己不好好学习还有理了，让我跟他妥协，门儿都没有。你是怎么想的？

A. 是

B. 不是

你的选择是_____

我们也很想认同孩子、帮助孩子，可是却不知道怎么办。这位妈妈就很聪明，学会了求助，愿意将自己的问题抛出来，问题已经解决了一半。

小练习

1. 请写出你看到的你家孩子除去玩以外的10个兴趣点。

2. 跟孩子确认一下是否存在压力，如果有，请孩子讲出来，并跟孩子商量，面对压力我们做点什么可以缓解一下。

第二节　线上游戏，堵不如疏

> **来热身啦！**
>
> 总是玩游戏，这世界上没什么比游戏更让这个孩子喜欢的东西了。玩起游戏来，恨不得让我们消失，永远别出现在他的身边，父母家人都不重要。上述描述的场景，你认为孩子是否是这么想的？
>
> A. 是
>
> B. 不是
>
> 你的选择是 _____

> 线上游戏，堵不如疏
> 这一节，你最想了解的是什么？

1. 什么招数都用了，还是玩手机怎么办
2. 关注当下，父母更应该做什么
3. 凡事"商量"二字记心间

1. 什么招数都用了，还是玩手机怎么办

一位妈妈叙述自己10岁的儿子对手机的依恋已经到了痴迷的程度，只要有机会就会偷偷地玩，上课玩、下课玩、吃饭玩、走路玩、被窝里还要玩，孩子的视力有所下降，学习成绩就更别提了，自己也是什么招数都用了，苦口婆心地说也说了，几乎断绝关系的离家出走也上演了，家里更是经常断电断网，无论怎么做，都没有办法解决。

孩子爱玩游戏几乎是所有家长最头疼的问题。家长们觉得就是手机耽误了孩子学习。天天玩，不学习，成绩能好就怪了。但事实上，手机并不是万恶之源。手机本身是一个工具，就算没有手机，也会有各类小说、网吧、游戏厅、电视机等，沉迷手机只是一个结果，过程里发生了什么，还是需要我们反思的。

长达14年的美国禁酒令，效果究竟如何？

非常遗憾，有统计数据显示：禁酒期间的美国酒类消费量，比禁酒前提高了50%。

为什么会产生这样的结果呢？其实至少有一点道理是相通的：禁书往往卖得最热，禁片往往想看的人最多。而且，美国的"禁酒法案"明显存在一条漏洞：禁止销售含酒精类的饮料，却并不禁止贩卖酿酒的原料。于是，各种各样的"擦边球"就开始出现了。啤酒厂不能卖啤酒了不是吗？法律没禁止我卖麦芽和啤酒花呀！当时，很多啤酒厂都开始出售麦芽和啤酒花，然后注明这是用于"烹饪"或"烘焙"。当时开始出现一种叫"NearBeer"的啤酒，酒精度正好控制在0.5%，符合法律规定。但是！啤酒厂会提供详细的

说明书，告诉买家：千万不能做以下的一些步骤，不然就会酿出高酒精度的啤酒，后果自负！可以想象，卖家和买家相视一笑，一切尽在不言中。

禁止只会让事态发展得更加严重，就像抽刀断水水更流一样，不要只把目光放在结果上，看看过程中发生了什么？如果从身边找原因，你觉得为什么现阶段孩子一直玩手机游戏？我试图让家长回顾一下这段时间发生了什么事情。妈妈斩钉截铁地说："我并没有对不起他。"

"你为什么用到了'我'，而不是父母双方？""他爸根本不顶用，我做饭都只做我们母子俩的，饭都不做他的。"

2. 关注当下，父母更应该做什么

曾经看过一组数据，在稳定的家庭关系中，孩子沉迷手机的风险较低，相反，家庭越动荡，比如父母离婚、单亲家庭、家庭气氛压抑等，都会加剧孩子对游戏的上瘾程度。

简单来说，如果孩子内心常常感到孤独、压抑，那么他们就会投入网络虚拟世界寻求安慰。

"我现在管不了那么多，我并不想考虑跟他父亲的关系，我只想让我儿子的成绩好一些，我只想维系我们母子的关系。"

我觉得这个对话不能从根本上解决父母的夫妻关系问题，所以我换了一种问法，希望从妈妈更在意的孩子问起。

"那请问现阶段你最关心孩子的什么？""孩子的成绩。"妈妈毫不犹豫地回答。

关注孩子当下，你更加关注什么？只能说一件事情：是成绩，还是他内心是否健康？我给妈妈讲了一个关于"苏格拉底和弟子"的故事。

希腊有一位大学者，名叫苏格拉底。一天，他带领几个弟子来到一块麦地边。那正是成熟的季节，地里满是沉甸甸的麦穗。苏格拉底对弟子们说："你们去麦地里摘一个最大的麦穗，只许进不许退。我在麦地的尽头等你们。"弟子们听懂了老师的要求后，就陆续走进了麦地。

地里到处都是大麦穗，哪一个才是最大的呢？弟子们埋头向前走。看看这一株，摇了摇头；看看那一株，又摇了摇头。他们总以为最大的麦穗还在前面呢。虽然弟子们也试着摘了几穗，但并不满意，便随手扔掉了。他们总以为机会还很多，完全没有必要过早地定夺。弟子们一边低着头往前走，一边用心地挑挑拣拣，经过了很长一段时间。

突然，大家听到苏格拉底苍老的、如同洪钟一般的声音："你们已经到头了。"这时两手空空的弟子们才如梦初醒。

苏格拉底对弟子们说："这块麦地里肯定有一穗是最大的，但你们未必能碰见它；即使碰见了，也未必能做出准确的判断。因此最大的一穗就是你们刚刚摘下的。"

苏格拉底的弟子们听了老师的话，悟出了这样一个道理：人的一生仿佛也是在麦田中行走，也在寻找那最大的一穗。有的人见了那株颗粒饱满的麦穗，就不失时机地摘下它；有的人则东张西望，总认为最好的在后面，一再错失良机。那株颗粒饱满的麦穗犹如家长对孩子的期望：孩子进步了，希望他更加进步；成绩好，需要更好，永远将目标放在更远处，亲子关系在一次次期望中破裂，随着孩子年龄的增长，修复关系越来越难。

关注当下，父母更应该在意的是孩子的心理健康，而不仅仅是孩子的成绩。可能更多的时候，道理明白，真实地做到会很难，希望孩子的妈妈可以通过上面的故事去感悟一下。

应对问题，方法可以有无数种，找到问题的症结是关键。每个人来自不同的家庭，意味着问题的产生也是复杂的，如果有一个方法适用于全部人，意味着问题的症结没有被真正发现。

3. 凡事"商量"二字记心间

放下皆如愿，放下不是放纵，而是放下"我"，看见"其他"。

有一次妈妈苦口婆心地对孩子说："宝贝啊，妈妈不是不让你玩手机，妈妈只是让你能够在学习的阶段好好学习。"而孩子反问了一句很扎心的话："妈妈你小时候也没有手机，你怎么就没考上清华、北大呢？"一句话问住了妈妈。无论我们怎么防，孩子对于电子产品的好奇心是不会减的，而且孩子就处在这样一个数字化的时代，使用手机已经是不可避免的事情了。如果我们把这么一个重要的生活工具，当作妖魔鬼怪一味地去阻止孩子接触的话，那么对孩子的成长来说并不是一件好事。

你会发现语言本身在某种程度上已经不起作用了，因为我们和孩子站在了对立面，在生活当中我们需要"授权而非对立"。

授权有如下四种形式。

授权的四种形式		误区
必须授权的事情	孩子能够胜任，在生活中经常重复做的事情	担心孩子做不好，包办代替
应该授权的事情	孩子已经具备能力 有挑战性，但风险不大 有风险但可以控制	一直在身边指导，监控每一个步骤
可以授权的事情	经过努力可以达成的事情，同时会增加自信心 自己确实不能参与，做好前期准备的事情	不接受"临危受命"，不给孩子任何准备
不应该授权的事情	负责任的决策	自己也拿不定主意，却让孩子当"背锅侠"

四个授权阶段，是随着孩子跟家长的关系来决定的。

教育学家陶行知先生说："好父母守望孩子，让孩子主动成长，坏父母替孩子做事，让孩子被动成长。"

伯特·海灵格说："只有放下我执，我们才能够真正地与万物同为一体。"

小练习

1.观察孩子近期玩手机的频率，找到这段时间的相关事件，反思身边的人、事、物。

2.设立目标：每天减少一句管控孩子玩手机的话语。

3.将孩子的日常事务进行授权分类。

分类	具体事件	备注（误区）
必须授权的事情		
应该授权的事情		
可以授权的事情		
不应该授权的事情		

[第七章]——屏幕下的亲子关系

第三节　理性看待游戏，家长更有收获

来热身啦！

你玩过游戏吗？

A. 经常玩

B. 偶尔玩

C. 几乎不玩

你的选择是 ＿＿＿＿＿＿＿

理性看待游戏，家长更有收获

这一节，你最想了解的是什么？

1. 家长对于游戏也应该持有好奇心
2. 如何利用游戏打造10分钟的亲子时光

1. 家长对于游戏也应该持有好奇心

豆豆妈妈阐述自己孩子偷着上网的经历，大致上就是不停地玩

游戏,也不知道玩儿的啥,家长感觉并没有什么意思,还不如多看看自己的语文课本呢。

家长们向我们咨询孩子上网打游戏的事情,还有很多以孩子们看电视打游戏为原型拍摄的搞笑视频。怀揣着对游戏的好奇,我特意观看了几个游戏线上学习以及刷了一些关于游戏的视频。一个游戏直播间里,关注人数5.6万人,主播在讲解,其余人都是围观。我试图进入一下场景,感受一下游戏为什么如此吸引大家的目光。我发现我真的进去了,主播在带着大家闯关,是带着大家健身的那种。每到一个关卡,需要做一个动作,及时将怪兽打退,比如走到一个石桥上大家需要集体跳三下,才能够进到下一关。一段操作下来,我感觉更像是全民健身,不知不觉我竟然也跟着做了半个小时。其实我对游戏是很排斥的,一听到别人说谁谁总是玩游戏,我就本能性地排斥。殊不知成瘾和偶尔娱乐是有本质差别的。我看到很多游戏是很挑战智力和知识面的,所以家长不妨走进游戏,看看你的孩子到底在玩什么游戏。站在门外猜,不如进去玩几局。如果你的孩子还能够允许你的参与,大概率上没什么问题。比如眼下最火的游戏是什么?可以问问孩子,或者自己也上网搜一下,做一下功课。问问孩子最近在玩什么,听说某某游戏很好玩,自己过了好久也没能过关,请他帮帮忙。你多请教几次,也许孩子就嫌你烦了,把你对他学习唠叨的洪荒之力,用到唠叨教你玩游戏这件事儿上,看看效果,期待分享你的结果。

《小王子》里有句话说:"每个大人都曾经是个孩子,虽然只有少数人记得。"很多人长大后逐渐失去了童真,忘记了父母的严厉,继续扮演起父母的角色。但还有一层意思,我们常常忘记了,我们为人父母不尽如人意的表现,也代表了我们曾经受过的伤。我们也并不是完美的,那个受伤的小孩子一直都在伴随着我们,也影响着我们。没关系,感谢我们的孩子让我们有机会重回小时候,重新抚慰自己,接纳自己,同时也要接纳孩子。

2. 如何利用游戏打造10分钟亲子时光

感谢孩子给我们时间,抚慰自己。

在生活中,成年人也会有压力的时候,当有压力的时候你会做些什么?

序号	事件
1	
2	
3	
4	
5	

什么情况下会有压力?

序号	事件
1	
2	
3	
4	
5	

我记得自己刚开始要参加心理学的考试时，压力非常大，既担心自己过不了，又担心时间不够用，就在左右为难中，身体感觉重重的，内心焦躁，最先有反应的是整个颈椎就像是被石头压住了，这个时候不管内心多么有动力，都不能下定决心，打开电脑，静下来认真地观看视频，做备考的准备。所以一般情况下我都会默默地打开短视频软件，随着手指不断地向上滑动，让自己的内心暂时平静下来，自己给自己设定一个时间，像是上了一个定时器，先让心情放松下来，然后选择启动做事情的按钮。这个时候，最忌讳有人走过来，告诉我说："别躺着了，总是看手机，你的考试题目看了吗？小心你考不过！"我会非常愤怒。愤怒确实是一种无能的表现，但有时也是一种保护自己的表现，好不容易给自己做好的思想建设，让自己暂时做一会儿缩头乌龟，可是被一个人彻底击垮挑明，瞬间觉得自己被窥探、被鄙视、被看穿，内心不断产生种种情感，感觉自己很内疚，同时又感觉很愤怒，还被别人点出同时又懒得解释，所以我选择继续看手机，你又奈我何？最终看到的结果就是我一直怀着忐忑的心情心不在焉地看着并不是那么想看的电视剧，时间却在内耗中悄然溜走。这一系列的过程像不像是一个孩子在学习面前的样子：刚刚鼓起勇气，想玩一局就收手，却被家长突如其来的不信任和指责打回到谷底。

这里有个先决条件就是家长相不相信，孩子也会有压力，就像在我们的小时候，跟妈妈说自己腰疼，妈妈会回复你一句：小小年纪你有什么腰？可事实是无论多小，腰还是有的，这个真理是不会变的。家长会讲：看手机永远没有压力，不妨跟孩子谈谈压力这个话题，似乎在我们小的时候并不存在，或者存在，我们也没有意识到，也没有这么多电子产品给我们普及这个概念，现在连 6 岁的小朋友都知道压力。我的女儿最热衷购买的礼物就是各种解压神器，第一次给班级小朋友购买见面礼是解压神器，一个好朋友过生日送的也是解压神器，自己每次去到玩具店第一个吸引她目光的还是解压神器。一个孩子能够有多少压力，我也无数次感叹过，我试图理解过她的一天：早晨起来就被催着赶紧洗漱准备线上学习，一到时间准时出现在教室，老师在上面断断续续地讲着，奶奶在旁边不厌其烦地叮嘱好好听课，别东张西望，来喝口水，这个竖弯钩写得不好重新写；下了线上学习，要赶紧换一身装备，去楼下准备跳绳和晒太阳，因为要为了身高负责；回来之后要吃营养午餐，每一样食物都是合理搭配，吃什么不是你来决定，而是应补营养决定；午餐结束后，要进行舞蹈打卡，因为每天的练习要上报老师，老师点评通过才能够进行下一项。一天当天诸多事情，如果详细赘述可能需要一整页篇幅。试想一个 6 岁的孩子每天是不是要面临诸多压力和挑战，而她似乎只是其中的提线木偶，有多少时间又是她自己能真实做主的呢？所以孩子的压力如果不能被看到，他又能通过什么方式发泄出来呢？或许只有将自己交给游戏的那一瞬间，是真实属于自己的，不需要考虑太多其他的事情了。如果家长说让她玩会手机，那当然就没完没了了。我们不妨利用手机拉近一下和孩子的关系，和孩子一起在游戏中玩几分钟，让孩子放松的时间里有个你的位置，问问孩子眼下最流行的"羊了个羊"怎么玩，感受一下让孩子碾压你的智商时的那种愉悦。当你们一起通过游戏找到亲密的感觉时，相信 10 分钟的亲子时光，可以换来一整天的母慈子孝。

当我们抗拒问题，其实是在制造更大的问题。越是抗拒，越是赋予问题更多的能量。不如直接面对问题，减少内耗，和孩子一起敞开心扉，迎接生活中各式各样的挑战。

小练习

1. 共同约定10分钟游戏时间，你们都做了什么？你的感受是什么？

2. 如果能回到小时候，你最想跟自己的父母玩什么游戏？

第四节　亲子关系是全家人的关系

> **来热身啦!**

　　还记得小时候你和父母一起看过的电视剧吗？当时和父母一起看电视剧时是什么感受？

　　A. 很放松，很享受

　　B. 很担心，父母问我的作业写完了没有

　　你的选择是 _____

> 亲子关系是全家人的关系
> 这一节，你最想了解的是什么？

1. 亲子关系到位才能事半功倍
2. 父亲缺位影响亲子关系

1. 亲子关系到位才能事半功倍

以前以为的放假是有大把大把的时间，自己可以健健身、听听音乐、敷个面膜，后来在一声声的"妈妈"中逐渐清醒了过来，12小时不间断："妈妈，需要打卡""妈妈，没有网了""妈妈，中午吃什么啊？""妈妈，妈妈。"最近直播间也是异常热闹，因为"神兽们"都在家，妈妈内心不淡定了。一位长期关注的妈妈，这几日开播都没有准时来，我就很纳闷，以前不管什么时间，她都会来到直播间，从来没有间断过。突然有一天她上线了，赶紧跟我说为什么这几天没能来，是因为家里的三个孩子都开始放假在家了，为了能在假期弯道超车，妈妈给三个孩子报了假期提升班，因为设备不够用，自己的手机也被"征用"去做上课设备了，给自己也忙活得够呛。因为三个孩子同时上课，老师要求打卡，报备每天的行程，还需要将孩子们的作业上传，给孩子们做听写，给三个孩子做一日三餐，很多事情忙不过来，身体的劳累都不是最关键的，而是内心的崩溃，感觉自己每天都穿梭在各个孩子的房间里，没有一刻是属于自己的。关键是三个孩子要是相安无事地上课，自己累点也无所谓了，可是三个人没有一个让人省心的：大女儿线上学习的时候聊天；二儿子上课时，经常上厕所，让弟弟来线上学习教室顶包，导致弟弟的线上学习教室里没人回答问题，老师点名批评弟弟好几次。妈妈现在跟他们三个人说什么都听不进去，感觉自己像一个八爪鱼似的，想抓住一切，却什么也抓不住。这是又一个转换角色的老母亲的故事，只不过身份更加多元化，是三个孩子线上学习的老师、助教和后勤部长。跟妈妈开这个玩笑，也是希望能够缓解一下她的情绪。我很中肯地问妈妈:"你是怎么陪伴他们线上学习的,跟之前有什么不同吗?"

妈妈回答说:"这段时间的陪伴,发现了每个人的优点,自然也会发现每个人身上的缺点。以前我从来不知道,姐姐还有早恋的倾向;大儿子压根儿对学习一窍不通,上课总玩游戏;小儿子很认真,但是跟大儿子相处起来完全没有主见。反正就是看他们每个人都有不顺眼的地方。"

"有没有发现,当大家都被圈在一个屋子里的时候,关系发生了变化,互相看不顺眼了,关系不好的时候,是不是事情就很难进行下去?以前孩子在学校的时候,偶尔回家是不是你提醒他们吃饭,他们还是会很快回到餐桌的,现在可能需要叫上好几声?"

妈妈回答:"是啊,还真的是,可能我最近的状态太不好了,说起来也真是没好好给他们做过一顿饭了,每天忙活的就是凑合着吃一口,就赶紧去上课了。"

父母的教育对孩子来讲是个关系学,就像我们很愿意听我们愿意听讲话的人的话,看似很绕口,这里面有一个关系,就是"我愿意"是我的志愿选择,无关乎对方说的话是对是错。家长们经常说的一句话就是:"我都是为他好啊。"

殊不知,大家评判"好"的标准不一样。关系到位,事半功倍,先调整亲子关系,再谈其他。任何人都不能每时每刻保持冷静,但为了维系良好的亲子关系,一周一次我们还是可以做到的。比如,平时不让孩子看电视,那我们可以设置每周四的晚上为我们的家庭电影日。在这个晚上,孩子们可以选择自己喜欢穿的衣服,看自选的动画片,以及自己准备聚会餐饮。每到这个晚上,孩子都会异常兴奋,很早就开始准备清单,也会自己摆盘,提前将大家的座位安排好。短短的 30 分钟,却是孩子精心准备起来的,大人只是这件事情的参与者,孩子享受其中。这是我们家增进亲子关系的一种形式。为什么选择电影日,是因为这是孩子的选择,这个很关键,想增进亲子关系,要从孩子的兴趣出发。希望这个案例能给你启发:从孩子的角度出发,维系亲子关系,亲子关系到位,才能事半功倍。

2. 父亲缺位影响亲子关系

男人成为父亲,这个角色的转化,女性功不可没。

心理学家温尼科特提出过一个观点:孩子处理情绪的方式会直接模仿父母。如果妈妈唠叨、怨气重、消极、长期压抑自己的情绪,孩子也会受到感染,变得暴躁、敏感、冲动,不能很好地融入环境。教育专家李玫瑾也说过"父母的情绪决定孩子的未来"。懂得控制情绪的妈妈才能够让孩子看到生活的美好,妈妈的情绪就像是一条长河,情绪平稳,孩子的小船就能安全靠岸;情绪暴躁,就会掀起千层浪,让孩子淹没在无休止的抱怨中。很多妈妈都知道这个道理。但现实生活中,每一位妈妈也并非圣人,尤其是全职妈妈,似乎自己不工作,家里的一切都应该是自己分内的事儿。现在社会中有太多焦虑的妈妈、消失的父亲和失控的孩子。听完上面说到的三孩妈妈的分享,我本能性地问了一句:"孩子的爸爸在做什么?""他一直在外面上班,回家的时候也是什么都不做,觉得自己太累了,回来就是说我屋子怎么没有打扫,孩子们成绩怎么样,经常是我把三个孩子都安排妥当了,自己刷一会儿视频,他就开始鼻子不是鼻子、脸不是脸地指责我，我压根儿不想提他，回家后真的是只会躺着，挑我毛病，我想跟他说说家里的事儿，他也不爱听，孩子们跟他的关系也不好，有什么事儿都跟我说。"

听着妈妈的阐述："你是不是很享受孩子们只跟你一个人亲近的过程？"妈妈回答："是的，反正他什么都没做，如果不是考虑到孩子们，我会跟他离婚。"妈妈说出"离婚"两个字的时候似乎将很多年的怨气都发泄了出来，用了很重的语气。其实在妈妈多次来直播间的过程中，我就发现了家庭关系的不协调，妈妈似乎也在很努力地做一个好妈妈，自己努力学习让孩子们更好，但总感觉有点无能为力，就像三个人同时线上学习，妈妈又不能够平衡了，所以会将自己的怨气撒在那个不能帮忙还总是添乱的老公身上。

女人要清楚"离婚"并不是解决事情的根本，"改变"才是。

很多妈妈沉浸在"孩子只跟我一个人好"的幻境里，认为孩子就应该理所当然"讨厌"那个没出力的爸爸。其实"好"是一把双刃剑，既能让孩子对你亲近，又能让孩子抓到把柄，就像孙悟空和六耳猕猴，一念天堂一念地狱。因为孩子是父母共同的生命结晶，只有拥有父母双方的爱，才算完整，家长会把大人的事儿和小孩儿的事儿分开，可又怎么能分得开呢。父母养育孩子本质上是一场关系学，两代人的关系好了，任何问题都能够迎刃而解。生活也许节奏太快，让我们并未用心发掘身边人的优点，也忘记当年为什么做出的选择。下面做个小游戏，让我们分别说出孩子、爱人身上的10个优点（包括自评和对方眼中的自己）。

姓名	自评	他评
妈妈		
爸爸		
宝贝		

例如：

我女儿的 10 个优点：

（1）认真。

（2）有创造力。

（3）有观察力。

（4）很讲卫生。

（5）很关心别人。

（6）很喜欢动物。

（7）很上进。

（8）坚持有韧性。

（9）很会表达自己。

（10）想象力好。

孩子的自评是：

（1）会做饭。

（2）会刷牙。

（3）喜欢小动物。

（4）不忘记冲马桶。

（5）自己回答问题。

（6）关心家人。

（7）对游戏很感兴趣。

（8）爱学习。

（9）爱跳舞。

（10）爱护花草。

通过孩子的自评和家长的评价，你会从中发现很多奥秘，也许你们没有看到的一面，就会通过孩子自评展现出来。与另一半也是，不信你就试试看，写出优点的结果不重要，重要的是那个"被看见"的过程。期待你的分享。

孩子的世界在父母的"眼中"，父母要有一双善于"看见"的眼睛。

小练习

1. 跟孩子约定一个增强亲子关系的固定家庭活动。

2. 写出孩子、爱人的10个优点（包括自评和对方眼中的自己）。

3. 当你想唠叨孩子学习的时候，换成"这个游戏怎么玩"，一周之后记录一下孩子的变化。

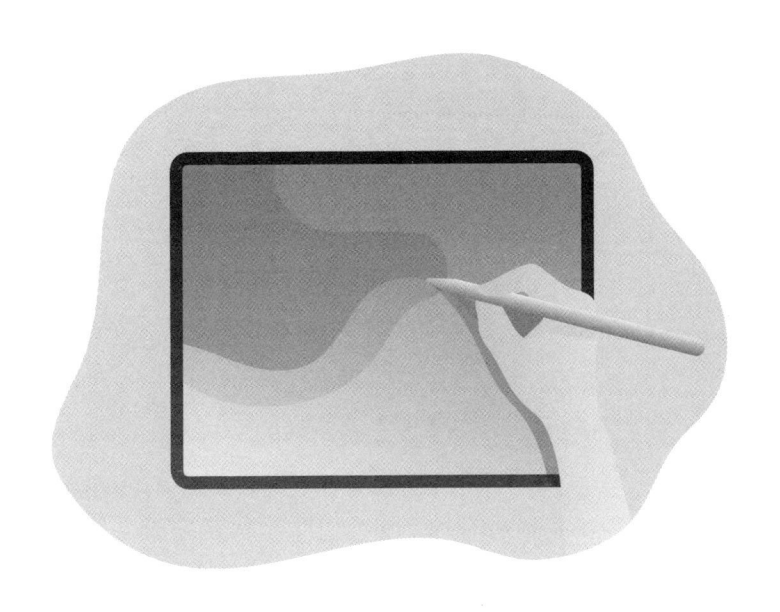

第八章
屏幕下的习惯养成

习惯形成性格，性格决定命运。
——约·凯恩斯

第一节　学习很难专注是不良习惯作祟

> **来热身啦！**
>
> 孩子学习时东瞅瞅、西看看，你会认为：
> A. 专注力实在是太差，在学校不一定什么样子呢
> B. 需要和他一起针对学习梳理新的方式
> 你的选择是 _____

> 学习很难专注是不良习惯作祟
> 这一节，你最想了解的是什么？
>
> 1. 学习时一动不动就是有专注力吗
> 2. 专注力的关键是安全感的培养

1. 学习时一动不动就是有专注力吗

适当降低门槛，更有助于孩子提升专注力。

小杰自从进入幼儿园大班学习，妈妈和小杰就开始了"猫捉老鼠"的游戏。老师刚刚开始线上教学时，小杰端坐在电脑旁边，但妈妈去客厅接个电话的工夫，小杰已经开始玩起旁边的积木了。妈妈赶紧放下手机将孩子安顿到椅子上。就这样周而复始，一节40分钟的课程结束，妈妈也到了情绪崩溃的边缘。

上小学的家长更是发出"怒吼"：本以为监督写作业已经是影响亲子关系最大的"导火索"了，没想到陪孩子上线上课更让人觉得痛苦！四年级小学生轩茗的妈妈就非常无奈地说："我终于知道他为什么学习不好了，在家学习时都原形毕露了。"

小提问：

假设你的大学课程需要在网上学习，老师需要给你讲45分钟的课程，你可以保证在听课期间一动不动吗？

你的答案是 _____

家长要降低预期的门槛

线上学习是这个时代的产物，无论是老师还是学生都需要适应线上学习的环境。网上教学没有线下课堂学习的氛围，少了同学与老师之间的互动，同时，每个年龄段的孩子专注时间也不同。以前，家里是放松娱乐的地方，现在突然也变成了学习的空间；妈妈以前是嘘寒问暖的慈母，一到线上学习时就成了严厉的"网管"。孩子的内心是需要一个适应过程的。所以作为父母，我们要适当地降低门槛，并非一动不动就是专注力好，也许他身体一动不动而脑子在走神呢。

幽默也会增进我们和孩子的距离，不妨把你的担心讲出来，用开玩笑的语气，化解我们之间针锋相对的局面。让孩子知道走神不是只有他会有，每个人都会有，我们一起战胜这个困难。

"核心习惯按钮"启动，让学习事半功倍

理查德·罗伯茨是美国著名的科学家。他是世界上最早发现核酸生物转换过程的科学家，并获得了诺贝尔奖，人们称他为生物化学上的猛士。理查德·罗伯茨小时候非常聪明，学习成绩不错，大家都很喜欢他。可是小孩子总有一点儿贪玩调皮，小罗伯茨也是这样。一天开会时，老师们说起自己的担心：要是小理查德养成贪玩的习惯，以后聪明不用在正道上，那一棵"好苗子"就给毁了。一时间，大家议论纷纷。

这时候，校长说："这件事就交给我吧。"放学后，小理查德正在收拾书包，校长突然走过来，悄悄递给他一张纸条，神秘地冲他笑笑，然后离开了。小理查德很奇怪，到底发生了什么事呢？他展开纸条一看，原来是一道智力题，似乎涉及课堂上没学到的内容。校长想考考我呢，他想。小理查德觉得很有意思，边走边琢磨，回家也顾不上玩，查了不少资料，想了很久，直到做出来才去睡觉。第二天，小理查德找到校长，一脸自豪地把答案递给他。校长看着答案点点头，又掏出一张小纸条递给小理查德。小理查德笑笑："我一定会做出来的。"此后，校长常常悄悄地给小理查德一些题目，要是小理查德做出来了，他会表扬几句，再拿出一道难一些的题；要是做不出来，他就会放学后把小理查德叫到办公室讲解。小理查德觉得这件事情非常有意思，不服输的劲儿上来了，总是绞尽脑汁不被校长的题考倒。平时有空也自觉地多看书学习，为解开下一道题做准备。到后来，每天学习看书已经成了习惯，反而觉得嬉戏玩闹没意思。许多年后功成名就的理查德回忆起这一切，非常感谢校长的良苦用心，是他的小纸条培养了自己受益一生的习惯。

孩子在学习中需要一个动机，家长要么就是忙于自己的事情没有顾及孩子的需求，要么就是不懂得委婉地引导孩子，导致孩子对学习产生了厌烦。

孩子在家里学习，不仅是在自己平时最舒适的安乐窝里，还把平时严厉控制使用的电脑、iPad一并奉上，就如让孙悟空看守蟠桃园，那得有多大定力才能保证不偷吃呢？这就需要家长在平时多观察孩子，明白什么是他最感兴趣的，什么时间、什么场景下他的学习热情最高涨，只要锁定一个"核心习惯"将其改变，就会自然地引起连锁反应，进而重塑学习方式。就像一台机器的一个齿轮错位，你并不需要把每个齿轮都重新核对，只需要将一个齿轮放对位置，其他的就自然地、按部就班地运转起来。我们也许只需要上课前先将桌面收拾整洁，为孩子做好开始线上学习的准备，也可以摆一个他比较喜欢的物品，比如玩具、手办、绘画手册，注意这个物品一定不要摆在孩子唾手可得的位置。为什么？因为它只是一个提示物，并不需要实际使用。其实，我们成人也会在不经意间走神，猛然想起才发现，我们还在开会。我们需要一个"固定开关"将我们"拉回"现实。这个"固定开关"可以请孩子自己选择，让孩子有选择权。

家长希望孩子能够完全自主学习，但这并不现实，不如我们放低预期，认真和孩子一起战胜"旧习惯"，培养"新习惯"，并且智慧地和孩子探讨，找到适合他的"核心习惯按钮"。在习惯养成这条路上，任何人都急不得。孩子不是只有在大吼大叫、耳提面命、喋喋不休中才能教育得好，告诉孩子应该遵守的总是会被忘记，只有孩子真实参与，得到正反馈，进而形成习惯，才能真正达到教育目的。开始是我们造就习惯，后来就是习惯成就我们。

2. 专注力的关键是安全感的培养

豆豆今年上小学二年级，在幼儿园时老师就经常反馈说，孩子上课不认真，小朋友都在专注地做手工，她起身就开始溜达。现在上小学二年级，老师反映她上课不认真听讲、走神，给其他同学传纸条，家长经常被老师在班级群点名。为了让孩子养成认真学习的习惯，爸爸妈妈轮流在孩子旁边看着，搞得孩子写作业如坐针毡。家长内心也是一万个不乐意；自己的工作都不做了，轮流陪她学习，还是没什么进展，十分苦恼。

孩子的专注力不是一日养成的，只不过是上学后发现影响学习才被重视起来。

首先，不打断是专注力培养的初级要求

回想一下孩子小时候，我们是如何做的。比如，孩子拿到一个新玩具，父母会不停地说："这个应该这样拆开，它是这样玩的，不是那样玩的……来，我们把这个放在这个上面，这样就拼起来了。"我们很努力地做一个负责任、时刻关注孩子的父母，但换来的却是孩子做什么事情都是三分钟热度，无法安静下来。一定要相信每一个孩子对世界都是充满好奇心和探索欲的，他需要独立去探索。比如，第一次学会骑自行车的兴奋；第一次自己洗衣服的喜悦；第一次尝试写下自己的名字。这些第一次无论成功与失败，均是自己尝试的结果。

设想一下,你是一个 3 岁的孩子,正在认真地搭着积木,小脑袋里正在构思着这个门用哪块积木合适的时候,突然奶奶拿着水瓶放到嘴里说:"来喝水。"

请问你的感受是什么,并用语言描述出来。

由于孩子还不能很好地用语言表达自己的愤怒,只能默默地藏在心里,长此以往,自然就爱发脾气,做事情也就三心二意了。

其次,高质量的陪伴,积极的回应

孩子不愿意专注自己的事情,写作业时东张西望、不停地喊妈妈、出来溜达,有时还会经常地用头疼脑热的借口吸引你的注意力(真实生病除外)。家长需要做的不是去找个专门的机构培养孩子的专注力,也不是跟孩子讲条件,或者敷衍了事。家长更需要做的是将心安在当下,对孩子充满爱的凝视,及时回应他的诉求,提供高质量的陪伴。哪怕是 5 分钟,都胜过不耐烦地守候一整天。这样做,换来的是孩子专注、独处和终身学习的能力。当孩子对得到父母的爱充满信心，他自然而然会专心投入跟事物的连接和思考中。专注力，是每个人的天性，就像睡醒了自然想要起床一样，根本不需要培养。

20世纪50年代末，美国威斯康星大学动物心理学家哈里·哈洛做了一系列实验：他和他的同事们把一只刚出生的婴猴放进一个隔离的笼子中养育，并用两个假猴子替代真母猴。这两个代母猴分别是用铁丝和绒布做的。实验者在"铁丝母猴"胸前特别安置了一个可以提供奶水的橡皮乳头。按哈洛的说法，"一个是柔软、温暖的母亲，另一个是有着无限耐心、可以24小时提供奶水的母亲。"刚开始，婴猴多围着"铁丝母猴"，但没过几天，令人惊讶的事情发生了：婴猴只在饥饿的时候才到"铁丝母猴"那里喝几口奶水，更多的时候都是与"绒布母猴"待在一起。婴猴在遇到不熟悉的物体时，如一只木制的大蜘蛛的威胁时，会跑到"绒布母猴"身边并紧紧抱住它，似乎"绒布母猴"会给婴猴更多的安全感。

哈洛从这个实验中还观察到了一些现象：那些由"绒布母猴"抚养大的猴子不能和其他猴子一起玩耍，性格极其孤僻，甚至性成熟后不能进行交配。于是，哈洛对实验进行了改进，为婴猴制作了一个可以摇摆的"绒布母猴"，并保证它每天都会有一个半小时的时间和真正的猴子在一起玩耍。改进后的实验表明，这样哺育大的猴子基本上正常了。哈洛等人的实验研究结果，用他的话说就是：证明了爱存在三个变量——触摸、运动、玩耍，如果你能提供这三个变量，那就能满足抚养一个灵长类动物的基本需要。

现在孩子居住在城市，每天在家进行线上学习，平时和蔼可亲的家人和自己一起被"封"在一间间的格子里,成了线上学习监督者和被监督的关系,更有甚者,成了"敌对关系"。我们回到原始状态,除去外界的一切变化,我们更主要的是孩子的父母,给孩子一个安全的环境,做到不过分打扰、高质量的陪伴,放平心态,静待花开。

小练习

1. 和孩子一起设计"核心习惯按钮"。

序号	核心习惯按钮
1	上课前,穿上校服,准备线上学习
2	
3	

2. 和孩子一起设定一个高质量的陪伴时间。

第二节　好习惯和坏习惯的养成

> **来热身啦!**

坏习惯是否有好的一面？好习惯是否也有坏的一面？你的看法是：

A. 有

B. 完全没有，好就是好，坏就是坏

C. 不清楚，也许吧，不知道如何区分

你的选择是 ＿＿＿＿＿＿

> **好习惯和坏习惯的养成**
> 这一节，你最想了解的是什么？

1. 为什么坏习惯养成容易，好习惯却很难
2. 如何坚持好习惯

1. 为什么坏习惯养成容易，好习惯却很难

"难""易"是一对孪生兄弟，强弱相当。

美国机能主义心理学创始人威廉·詹姆斯有一段对习惯的经典阐释："种下一个行动，收获一种行为；种下一种行为，收获一种习惯；种下一种习惯，收获一种性格；种下一种性格，收获一种命运。"

习惯对人有很重要的作用，所以大家都希望养成好习惯，摒弃坏习惯。那么究竟什么是坏习惯，什么是好习惯呢？

拿一个孩子的习惯举例，家长也可以自行补充。

好习惯	坏习惯
1. 主动完成作业	1. 催促 800 遍也无济于事
2. 讲究个人卫生	2. 不提醒，一个月不洗澡
3. 上课认真听讲	3. 上课总是走神
4. 按照老师家长的要求做事情	4. 别人说什么都不管用，想干什么干什么
5.	5.
6.	6.
7.	7.

上高中时，班上有个同学每次都不按时交作业，每次作业也不能全部完成，只选择自己想做的题目完成，其余自己不想写的题目就空着，你认为：

A. 这孩子习惯不好

B. 这孩子太不听话了

C. 这孩子可真有主意

你的选择是 _____

该同学每次都是班级第一名，老师才会允许他不写作业，或者按照自己的想法交作业。

如果这个孩子每次都考第一，不写作业，你还会认为他的学习习惯不好吗？所以好习惯和坏习惯是有不同的评判标准的。习惯好坏的标准不是以家长的喜好来判断的。回到我们的热身活动，大家思考到了什么？"祸兮福之所倚，福兮祸之所伏。"辩证看待习惯，摆正心态是重要的一步。

事件	好习惯 or 坏习惯	你的做法
吃一些垃圾食品（薯片、辣条）	坏	
锻炼身体（晨跑、健身）	好	
每天看书（养成读书习惯）	好	
每天长时间刷短视频、追剧	坏	

为什么很多好习惯，我们却没能坚持，而被我们"鄙视"的坏习惯却经常沉迷其中，无法自拔呢？

如果把好习惯和坏习惯当成我们喂养的两个宠物，看一看需要为它们准备的东西有什么不同？

好习惯的养成

思考　坚持　用心　刻意练习　早起　管住嘴　勇敢面对
牺牲娱乐时间　见效慢　痛苦　需要实践　困难　控制　需要计划
需要长时间才能得到反馈……

坏习惯的养成

> 无须控制　怎么开心怎么来　及时获得满足

你发现了什么？

（1）好习惯比坏习惯需要准备得更多

（2）好习惯比坏习惯需要坚持得更多

（3）好习惯比坏习惯得到的反馈更慢

（4）好习惯比坏习惯需要的思想斗争更多

（5）好习惯比坏习惯的要求更多

在《掌控习惯》这本书中讲到习惯的养成有四步：**提示、渴求、反应、奖赏。**

提示： 肚子咕噜的声音是提示；手机铃声突然响了是提示。

渴求： 你会思考肚子为什么会响，怎么填饱肚子；思考手机为什么会响，想看一下。

反应： 点一份外卖；看看到底谁找我，究竟有什么事情。

奖赏： 吃得很满足，打个饱嗝；回复了信息或是知道了谁找我。

如果想养成好习惯，就将这四个步骤正向加深。

比如，孩子总是想着玩儿，不提醒根本想不起来要进行"舞蹈课程打卡"，为了让孩子养成"打卡练习"的习惯，根据以上四步，做一些拆解。

提示： 要增加提示，但不是催促。可以在电脑上播放跳舞练习经常使用的曲子，或是在电视屏幕上播放以前孩子比赛的视频，或是将舞蹈服装拿出来挂在显眼的地方，让孩子无意识地得到提示。

渴求： 让这件事情看起来很有吸引力，让孩子主动提起。比如，在舞蹈服上贴上好看的饰品，或是搭配一个漂亮的头饰，激发孩子主动启动"练习"这件事情。

反应： 当孩子露出渴望、想尝试的眼神时，家长应立刻给孩子一个支持。比如，想不想尝试一下这个头饰和这套衣服是否搭配，我来帮你戴上，你来穿裙子，让孩子立马进入状态中。

奖赏： 及时称赞孩子在舞蹈过程中的表现，可结合"彩虹连连泡"一起使用，让孩子感受到此套衣服的助力，沉浸在舞蹈练习给自己的正反馈中。

有些人会觉得太麻烦了，不就是练习个跳舞吗？这么费劲，不如直接吼一下来得容易。我们在心里有个谬论：从什么时候开始，我们为了让孩子把这件事情做得更好，反而先让他们感觉更糟呢？记录一下哪件事情是让你感觉很糟，但每次又很乐意去做的？你发现了什么？

不是你好，我才爱你，而是因为爱你，你才变得更好。当我们真实地将"爱"放在事情之前，也许一些事情我们会做得自愿、开心，不计较得失。

2. 如何坚持好习惯

内在感受很重要，感觉好了会越来越好

有个奇特的现象，孩子的情绪变化如天气，阴晴不定，偶尔有几天做事情不需要别人催，很认真地去刷牙、去写作业，很主动地完成自己需要做的事情；偶尔又油盐不进，明明几天前还乖巧可爱，这几天又不可理喻。好习惯又白培养了，浪费时间、浪费情感，一瞬间让父母一点成就感都没有了。

你认为自己有哪些可以称为好习惯的行为，思考一下是如何养成的？

你认为自己的好习惯	如何养成的	感受
1.		
2.		
3.		
4.		

你有做过"孩子做好了一件事情，你还继续让孩子更好"的事情吗？孩子的反应是什么？

孩子努力完成的事	你鼓励孩子继续做得更好	孩子的反应
1.		
2.		
3.		

Facebook 首席运营官雪莉·桑德伯格坚信"完成好过完美",持续行动,不断重复,不做永远完不成,只有不断重复,找到规律,才能达到完美。

重复的不仅仅是动作,还有动作背后带来的"喜悦感"和"成就感"。

在重复中寻找创新,让创新反哺"喜悦感"和"成就感"。

警惕这些语言会让孩子失去"重复"的勇气:

"做得比××好多了。"

"你就是聪明,很快能完成。"

"做得好就能够得到玩具。"

孩子在做事情上没有得到正向反馈是不会愿意继续重复做这件事的,自然也就无法养成某种习惯。

一次"坏习惯"并不会影响终身

很多父母用上帝视角看孩子的成长,认为本不应该犯的错误为什么他总是犯错,并不断地用语言强调家长说得对,孩子做得不对。我们在一次次强调中,将孩子越推越远。

"一次上课不认真,以后学习一定差劲。"

"一次撒谎,就是没有诚信。"

"一次没跟邻居打招呼,就是没礼貌的孩子。"

"一次没跟小朋友玩儿,就是不合群。"

"一次起床晚了,就是懒。"

小时候,我就是听着妈妈的"绝对性语言"长大的,但以我当时的认知并不能完全理解到底哪里不对,所以很小心谨慎地行事。因为怕出错,所以我宁愿不去做。像是藏在一个封闭的储物仓里,外面的事情不敢轻易去触碰,一旦接触了就会产生愧疚感,反省自己是不是不够好。

另一种尝试就是反向的。你觉得我懒,我就是懒,索性以后都不会早起,更加肆无忌惮。为了证明对错,让行为发生改变,不是为目标做事,而是为了争个"对错"。

没有什么绝对,中间的变量是父母的语言行为和环境的多项作用。父母应该减少绝对性语言,换成陈述事实。

绝对性语言	陈述事实
一顿饭吃得少,小心你长不高	我看到你仅仅吃了几口菜
没有跟邻居打招呼,你就是这么没礼貌的孩子	我看到你没有跟李奶奶打招呼

制订一个一周计划,将即将说出口的绝对性语言转换成陈述事实。

绝对性语言	陈述事实	感受	孩子的变化

小练习

1. 根据习惯养成的四个步骤，制作习惯养成表格。

步骤	好习惯（正向加深）	坏习惯（反向减弱）
提示		
渴求		
反应		
奖赏		

2. 找到一个你自己一直坚持的习惯，将它改进，带动一个新习惯养成。

一直坚持的习惯	希望养成的新习惯	做法
1. 刷牙	用牙线剔牙	将牙线放在刷牙缸旁边
2.		
3.		
4.		
5.		
6.		

第三节 拖延和焦虑是习惯养成的"拦路虎"

来热身啦!

你认为小朋友会不会有焦虑情绪:

A. 会

B. 不会

C. 不清楚

你的选择是 _____

拖延和焦虑是习惯养成的"拦路虎"
这一节,你最想了解的是什么?

1. "拖延"有很多个面具,一定要识别清楚
2. 克服拖延需要"具体",制订一个两分钟计划
3. 自信做帆,找到心中的灯塔

1. "拖延"有很多个面具,一定要识别清楚

世间万物都是很擅长伪装的,唯有真心可破。

说起拖延,家长应该是最有发言权的,孩子们的"拖延大法"绝对是花样繁多:让他写作业,他说我先上个厕所,玩儿一会儿再写;让他来吃饭,他说我先打完这一局游戏;让他穿好衣服出门上兴趣班,临出门时发现袜子只穿了一只。尤其是线上学习,明明很早就起床了,但不到家长催促到最后一秒,绝对无法坐到电脑前。家长也真是急得团团转,只能一遍遍催促。

记录一下孩子什么时间做什么事情最容易拖延。

1	
2	
3	
4	

《终结拖延症》作者威廉·克瑙斯,著名的认知疗法专家,将拖延分为以下四类。

有限期拖延 (有截止期限)	无限期拖延 (没有限定日期的拖延)
简单拖延 (随手的事情留到后面忘记了)	复杂拖延 (主要是心理疾病或是完美主义)

很多孩子也会向我们咨询学习中遇到的拖延问题,根据孩子们的提问,我们将拖延的原因总结为以下四种。

害怕导致的拖延	畏难导致的拖延
害怕错误，担心结果不好	作业太多，题目不会等
抗拒导致的拖延	不在意导致的拖延
不喜欢某科老师，不想写单科作业等	对学习失去兴趣，学不学习并不在意，表面上已经放弃

孩子的作业总是一拖再拖，可以试试五步拆分法，寻找答案，解开心结。

第一步，问：我看到你还没开始写作业，请问发生了什么？

答：

1. 想多玩一会儿，一会儿就开始写
2. 太难了，太多了，不会

第二步，启：需要我做点什么？

第三步，赞：谢谢你将遇到的问题告诉我，而且这么详细。

第四步，拆：我们一起做点什么？将这个作业拆开。

多	分小节逐个攻破
难	从简单做起，借助工具
想玩儿	酌情给他们放松的时间，陪他们一起玩

第五步，动：设立"启动按钮"——击掌、拥抱、吃糖等。

五步执行标准参考如下。

五步	具体描述
问（询问）	勿质问，陈述事情
启（启发）	有原则地启发孩子寻找帮助（原则是作业必须写，帮助是家长愿意帮忙）
赞（赞扬）	跟孩子建立连接，鼓励孩子表达自己的行为
拆（拆解问题或困难）	主要是控制情绪，让孩子慢慢分析问题卡点，逐一解决
动（启动的仪式感）	给孩子如何开始做这件事情的选择权

2. 克服拖延需要"具体",制订一个两分钟计划

孩子面对很多事情不能立即行动,你认为

A. 就是拖延

B. 可能有些焦虑等其他情绪

你的选择是 _____

拖延的背后是焦虑,克服焦虑需要具体,只要你把焦虑具体化,也就是把解决方案具体化,拖延就会迎刃而解。拖延最大的源头恰恰是没有具体化。

心理学上有个著名的"两分钟定律":如果你想做一件事情,一定要在两分钟之内去做,尽快动起来,找到"启动按钮"。

一起来制订两分钟行动计划吧。

序号	行动计划	反馈
1		

续表

序号	行动计划	反馈
2		
3		
4		
5		

曾国藩也讲道："手勤，易弃之物，随手收拾；易忘之事，随笔记载。"想到什么事情就立马去做，比如灵感来了，随时记录。

渐渐地，你会发现每次将心中的"杂草"记录下来，似乎事情已经有了眉目，只要坐下来开始行动，焦虑也就随之消失。

3. 自信做帆，找到心中的灯塔

经常有家长咨询说，老师反映自己的孩子上课很认真，下课也很积极地写作业，就是成绩上不去。这些孩子成绩上不去可能就是因为不相信自己。

自信就像是战略，有自信，就是相信任何事情自己都可以完成。现在很多人有不配得感，"我好像没有那么优秀"，一度怀疑自己。

"你怎么这么笨，这点小事都做不好。"

"你怎么又做错了，和你说了多少遍了。"

"就知道臭美，学习不好谁也不喜欢你。"

"如果可以选择，我宁愿没有生你。"

"同样是人，人家的孩子就是学霸。"

以上这些话是否能增加你的自信心？

A. 能

B. 不能

你的选择是_____

美国橄榄球联合会前主席杜根曾经提出一个说法：强者不一定是胜利者，但胜利迟早属于有信心的人。这就是著名的杜根定律。自信并勤于实践，让你永远成功。一个人是否胜任一件事，85%取决于态度，15%取决于智力，所以一个人的成败取决于他是否自信。假如这个人是自卑的，那自卑就会扼杀他的聪明才智，消磨他的意志。

曾看到一位爸爸在朋友圈写道：

闺女的第一次拉丁舞比赛，由于某种原因取消了。我们担心她受挫，极力安慰她。在饭桌上聊天，爸爸说："其实，比不比赛，拿不拿第一都不重要，重要的是经历了什么，学到了什么，对吧。""不是的，通过自己的努力，然后拿到第一，是一件多么好的事情呀！"当闺女瞪大眼睛对我说时，我愣了一下，是呀，这么简单的道理，我怎么就没有理解呢。我们常常想着自己压力大，也想给孩子减压，想要告诉她第一不重要，重要的是过程，但反过来想，难道不重视名次，过程还会被重视吗？第一是目标，努力是过程，最后成绩是反馈。没有目标，努力的程度应该也会缩水。

回想自己小学时，很努力想要考满分；到了大学，只要不挂科就行了。我的目标似乎是越来越低了。这样努力的过程其结果可想而知。当荒废了青春，在人生迷茫时，回想，我缺的是目标，就是拿第一的目标，缺少对自己的高要求。

可以想象这个女孩为了她的目标,可能在课间仍旧坚持一遍一遍地练习舞蹈;在腿脚酸痛的时候仍然坚持练习跳绳;在刚接触自行车时,不断坚持练习并在几个小时之内就学会了骑自行车。

孩子治愈了自己的父亲,也治愈了我。"第一"作为一个结果并不重要,但作为一个目标却很重要。如果目标是塔尖,那么习惯就是通往塔尖的一块块基石,自信就是习惯搭成的一级级台阶。

小练习

1. 先学会拆解自己的焦虑源头。

令人焦虑的事情	原因可能是什么(尽可能将自己能够想到的原因都写下来)
1.	
2.	
3.	
4.	
5.	

2. 利用五步法,帮孩子拆分目前正在拖延的事情。

问	
启	
赞	
拆	
动	

第四节　警惕"惯性按钮"作怪

> **来热身啦！**

要把大象装冰箱，需要几步：

A. 3 步

B. 不知道

C. 需要看冰箱多大

你的选择是 ＿＿＿＿＿＿＿＿

警惕"惯性按钮"作怪

这一节，你最想了解的是什么？

1. 坏习惯变好的密码是摒弃"旧"和"惯"
2. 主动学习是习惯养成的基石

1. 坏习惯变好的密码是摒弃"旧"和"惯"

小美是一名小学生,平时上课总是三心二意,不得已妈妈得天天陪伴在孩子身边,跟着孩子一起上学。有一次,妈妈需要出门办事情,不能形影不离地陪着孩子,所以就千叮咛万嘱咐地告诫孩子,要好好学习,认真听老师讲课。在孩子一句句的保证下,妈妈才离开家去办事情。妈妈为了尽快回家看着孩子上课,迅速地办完事情赶紧回家。悄悄地推开房门,发现孩子正在认真地"玩儿着游戏",妈妈气不打一处来,上来就跟孩子理论起来,压根儿不听孩子任何解释。等妈妈冷静下来,小美才告诉妈妈,自己在做的是数学思维挑战游戏,是老师推荐的一款训练思维能力的课件。妈妈一看自己没理,立马大声呵斥道:"如果不是你上课总是三心二意的,我能错怪你吗?"小美一听生气极了,大嚷着:"一个人就不能发生改变了吗?你觉得我就是爱玩儿游戏,那我就一直玩儿下去。"也许那一刻小美是真心希望自己可以发生改变,逐渐进入学习状态。每个人逐渐变化的过程有时会很漫长,需要克服内心的挣扎,需要支持,不能轻易浇灭他们刚刚燃起的希望之火。

跟女儿上培训班,就经常看到一个妈妈训斥自己的女儿:"小时候给你报的哪个班你从头到尾上完过啊,这次舞蹈班又是这样,每次都嘴上答应,来了又不进去上课,我没工夫陪你,上次就是这样,每次你都没有什么改进……"妈妈一直数落孩子,小女儿一直不敢抬头。

我们为了让孩子"长记性"就将以前的错误一并拿出来,像是"数罪并罚"。

假设你和爱人吵架,你希望:
A. 就事论事,今天的事情就解决今天的事情
B. 将以前的陈年往事全部搬出来,一并清算
你的选择是 _____

每个家长都应该养成良好的习惯:

让往事随风去,切莫翻旧账

莫言先生曾经说过:"世事如书籍,一页页被翻过去,人要向前看,少翻历史旧账。"把"嘴巴"闭上,把"耳朵"打开,用心去感受孩子向我们传递的"想要变好"的信号。

改掉惯性思维

美国密执安大学教授卡尔·韦克曾做了一个试验:把6只蜜蜂和6只苍蝇装在同一个玻璃瓶中,然后将瓶子放平,让瓶底朝着窗户会发生什么情况?结果饿死的是蜜蜂,而苍蝇则在两分钟之内,穿过瓶颈逃出去了。聪明的蜜蜂认为,囚室的出口必然是在光线最亮的地方,它们不停地重复着这种合乎逻辑的行动。而苍蝇则全然不顾光亮的吸引,四下乱飞,结果逃出了空瓶。

一个妈妈说:"我的孩子上初二,每两周回来一次,除了吃饭、睡觉就是玩手机。因为玩儿手机,成绩下降得很严重,我们也没有什么办法。"

我试图将妈妈的注意力转到其他方面,让妈妈更加全面地看待孩子的学习问题,是否存在在学校不愉快,有学习压力,家里对孩子关心不够等因素。但这位妈妈还是觉得根本原因就是手机。我反问她:"手机确实耽误孩子的学习,但如果没有手机,孩子就一定

能够学好吗?"妈妈似乎被问住了,开始思考其他因素。

妈妈的惯性思维是手机耽误了孩子学习,解决了手机问题,一切问题都能够解决。

但跳出惯性思维看待问题,才能够看到真相。转变思维并不是一件容易的事情,因为惯性思维让我们节省了思考的时间,我们本能地会认为:因为 A 所以 B。为了能够多一种思维角度,可以尝试转变思考方式,改为:B 为什么因为 A。例如,孩子学习不好,学习成绩下降为什么是因为手机,没有手机时孩子学习怎么样?我们做些什么能帮助到孩子?

A(原因)	B(结果)	无 A 时(假设)	B(结果)	原因	解决方案
玩手机	学习不好	没有手机	学习也不好	1. 习惯问题 2. 亲子关系问题 3. 不喜欢某科老师	1. 培养习惯 2. 改善关系 3. 解决偏科问题

2. 主动学习是习惯养成的基石

小学二年级的茉莉,写作业十分磨蹭,一道数学题,正常 5 分钟可以写完的,愣是用了半小时都没做完。做题的过程中还各种走神发呆,一会儿用铅笔搭个房子的造型,一会儿抠橡皮,好不容易写了一题,又要喝口水,再顺便去个洗手间。妈妈一看这种情景顿时怒了:"做作业三心二意,看电视、手机专注力好着呢,一两个小时动都不动一下，甚至叫吃饭都听不见。"跟茉莉情况相似的孩子还有很多。果果是幼儿园小班的小朋友，平时都是爷爷奶奶带着，所以爷爷奶奶也担负起了孩子学习上的责任。为了能够让孩子认真学习，爷爷奶奶想出了一个绝妙的"招数"就是让孩子每天看电视，认为孩子看电视时很认真，用电脑学习时也一样认真。没想到事与愿违，孩子看电视时确实很认真，可线上学习却依旧没能认真听老师讲课，反而是一让学习就跟爷爷奶奶发脾气。

家长也很纳闷，同样是电子产品，为什么看电视玩游戏那么专注，一涉及学习就跟换了一个人似的。

小提问：

看电视或者玩游戏时，孩子是主动的还是被动的？学习时孩子是主动的还是被动的？

你的回答是 ＿＿＿＿＿＿＿

主动注意，也叫随意注意、有意注意，是指有预先目标，需要一定意志努力的注意。比如，孩子专心听课，认真写作业，需要孩子专注于这件事并且聚精会神地思考，这种服从于预定目标并且经过一定意志努力的注意，用到的就是主动注意了。

被动注意，也叫不随意注意、无意注意，是指没有预先目的，不需要意志努力的注意。比如，一个东西非常新奇，有很艳丽的色彩、很悦耳的声音、不停变换的画面，和周围的环境截然不同，这样的东西你不专门注意也能留意到。比如，电视广告、动画片、游戏，它们吸引的更多是孩子的"被动注意"，因此孩子特别容易入迷。

大家可想而知，学习是需要调动我们的"主动注意"的，而电子产品完全不用，电子产品的设计就是为了吸引我们的注意力，与学习所需要的"专注力"是不一样的。

如何培养孩子线上学习的专注力呢？

首先，需要化被动为主动，兴趣第一。

俊俊是一个三年级的小学生，爸爸妈妈都是上班族，线上学习期间是一个人在家，爸爸妈妈起初很担心，觉得孩子一个人，上课会不会偷偷溜号，不认真听讲。通过老师的反馈，发现孩子不仅上课认真，而且是互动最好的学生，家长也很不解，经过跟俊俊沟通才发现，每次课程内容他都会提前预习，找到自己的知识盲区，带着问题去上老师的课，自己就会主动跟随老师的节奏，生怕错过不会的知识点。久而久之，由于互动好，老师会随时点俊俊回答问题，而由于需要回答老师的问题，又促进了俊俊主动思考和学习，形成了正向循环。

欧洲文艺复兴时期的著名画家达·芬奇从小爱好绘画。父亲送他到当时意大利的名城佛罗伦萨，拜名画家佛罗基奥为师。老师让他从画蛋入手。他画了一个又一个，足足画了10多天。老师见他有些不耐烦了，便对他说："不要以为画蛋容易，要知道，1000个蛋中从来没有两个是完全相同的；即使是同一个蛋，只要变换一下角度去看，形状也会不同，蛋的椭圆形轮廓就会有差异。所以，要在画纸上把它完美地描绘出来，非得下番苦功不可。"从此，达·芬奇用心学习素描，经过长时间勤奋艰苦的艺术实践，终于创作出许多不朽的名画。

兴趣也需要一定的坚持，正如达·芬奇一样，一开始有兴趣，也会经历无聊和困惑,只要坚持下来,就会得到你想要的结果。

其次,运用正确的学习方法,输出助力输入。

学习的过程太过漫长,胜利的曙光很是遥远,我们的大脑总是希望能够得到及时满足。让我们放弃辛劳。关于学习方法,不妨看看风靡全球的"费曼学习法"。

理查德·费曼(Richard Feynman,1918～1988),出生于纽约,毕业于普林斯顿大学,美籍犹太裔理论物理学家,1965年诺贝尔物理学奖得主,第一位纳米概念提出者。费曼之所以取得如此成就,源于费曼先生总结了非常有效的学习方法,确保他比别人学得更快更好,并把学习当成了一件有趣的事情,在学习过程中体会到了学习带来的愉悦感和成就感。

费曼的学习方法很简单,只有四步:

第一步,不断查找自己的不足,选择适合自己的学习方法进行学习,对需要掌握的知识,至少要花3遍的时间去学习:第1遍弄明白大概在说什么,第2遍弄清楚重点在哪里,第3遍对知识点进行整理和记录。

第二步,复习,直到能用自己的语言把知识点准确表达和解释出来。

第三步,消化理解,能做到不参照资料和笔记,仅靠自己大脑的记忆和自己的理解,能用更精简的语言复述和准确表达知识点。

第四步,能把自己所学到的知识点,用浅显易懂的语言传授给别人,并保证别人能听懂。

费曼学习法的实质是"以讲促学"。

费曼学习法真实地利用了一个心理,就是"好为人师",这是我从5岁女儿身上得到的验证。她现在在学习拉丁舞，刚开始报名时很是激动，恨不得每天都要去上课，经过一阵子发现舞蹈也许并不是她想象的样子，就要打退堂鼓，我们每天回到家都会让她教授我们跳拉丁舞。而我们大人每一个动作都笨拙地同手同脚，她一边乐一边不厌其烦地纠正我们的动作，有时自己会忘记动作，便回到卧室观看老师上课的视频，再教给我们。在"兼职拉丁舞老师"的日子里，她的舞技确实发生了很大的变化。

摒弃惯性思维，迎接每天不断变化的人生。时间并不会因为你想坚持或放任而多一分、少一秒，力的作用是相互的，允许是一把培养好习惯的金钥匙，让我们先允许一切事情的发生，再因势利导地培养。

试图换一种思维看待问题，不断尝试，从反面多问几个"为什么"也许答案就会自现。拿着旧地图永远不可能找到新大陆，秉持着旧思维永远不能开拓新局面。

小练习

1. 用"B为什么因为A"的方式，试图换一种思维方式看待结果。

A（原因）	B（结果）	无A时（假设）	B（结果）	原因是	解决方案
玩手机	学习不好	没有手机时	学习也不好	1. 习惯不好 2. 亲子关系不好 3. 不喜欢某科老师	1. 培养习惯 2. 改善关系 3. 解决偏科问题

续表

A（原因）	B（结果）	无A时（假设）	B（结果）	原因是	解决方案

2.运用费曼学习法引导孩子"以讲促学"。

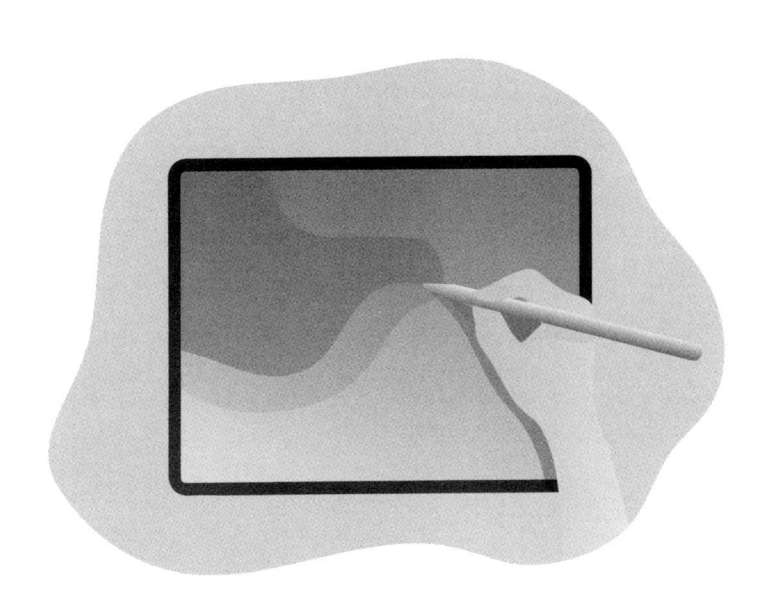

第 九 章
屏幕下的父母成长

想育儿,先育己。做父母,先学习。

——米来未来校训

第一节　找准定位是父母成长的必修课

来热身啦！

如果你出生在多子女家庭，你是否会觉得父母有时会偏心？

A. 是

B. 不是

C. 不能确定

你的选择是 _____

找准定位是父母成长的必修课

这一节，你最想了解的是什么？

1. 为人父母也需要分寸感
2. 如何找到自己的节奏，做自己的主人

1. 为人父母也需要分寸感

一位妈妈讲述自己和女儿、儿子的事情：儿子和女儿分别有一盆植物。妈妈打了一盆水，看到弟弟种的植物有些干旱，所以就先给弟弟的盆里浇了水，而刚好被姐姐看到，姐姐立马说你就是偏心，不给我的花浇水。妈妈顿时很生气，觉得姐姐是养不熟的白眼狼，自己怎么就一碗水端不平了。通过妈妈的讲述分析，是因为妈妈小的时候，家里也有弟弟妹妹，父母总是很偏心弟弟，所以在这位妈妈的心里种下了不要偏心的种子。但由于受到父母的一些影响，有些时候会不自然地对弟弟额外关心一些。但当女儿提出这个问题的时候，自己一时之间，恼羞成怒有点接受不了。妈妈自己也是很纳闷，本来是件很小的事情，自己为什么会发那么大脾气，甚至还动手打了自己的女儿。

其实现在很多成年人还活在妈妈的期望里，只是自己没有意识到。我记得在给一位合作伙伴做人设梳理时说到了一句话，瞬间让对方泪如雨下："我们不喜欢她的方式，可终究活成了她。"

所以我们要学会"分离"，我们不需要携带着家庭给我们的"基因"去养育我们的下一代，将自己人生的主动权拿回来，我们能够做的就是学习，不断地扩大自己的思维认知，并且将所学结合实践，再让实践不断地验证所学。世代创伤可在我这里终止。

妈妈对你的期望是什么？

1. 出人头地

2. 学习优秀

3. 找个好男人

4. 光宗耀祖

5. 要超过别人

……

以上有的，可以画√，没有的，可自行填写。

你对孩子的期望是什么？请自行填写。

1.

2.

3.

4.

5.

……

你发现了什么？

```
┌─────────────────────────┐
│                         │
│                         │
│                         │
│                         │
└─────────────────────────┘
```

活出自己是对原生家庭最好的治愈，现在的我们是孩子的全世界，不求完美，但求无悔。

2. 如何找到自己的节奏，做自己的主人

人生华尔兹，节奏在自己。

我们终其一生都在寻找自己和自己的关系，无论是我们和爱人的关系，还是和朋友的关系，都是在每段关系中照见我们自己。正如张德芬所言："亲爱的，外面没有别人，只有你自己。"

不模仿，表达个人观点，每个人的内心世界都是独一无二的

作为孩子的妈妈、别人的伴侣，更作为自己，拥有独立思想的自己，你打算如何展示自己的风格。

我听到过一个很悲伤的故事。女主角放弃自己的工作专职在家带孩子，而孩子却说自己并不喜欢这样的妈妈，反而更加羡慕同学的妈妈：每天画着精致的妆容，拥有自己的事业，还能够和自己的孩子探讨问题，她是妈妈，更是良师益友，不像自己的妈妈只是一个唠叨自己的"机器"。

对家庭的规划要有独立的思考

作为一个独立的个体，我们需要有思想，自己希望家庭发生什么样的变化，什么样的家庭关系才是好的，要制订一个完美的规划图，并将自己的思考告诉家人，永远不要只做那个默默付出的人。

多学习，提高解决问题的技巧

养育孩子、处理婆媳矛盾、解决另一半不帮忙等生活中的各种问题，要在学习成长中获取答案。我们在线下培训了上千名父母讲师，大家都是收获到了满满的方法。而且大家在一起，你会发现，所有的问题都有共性，解决问题的技巧也能够逐渐提高。

要能给大家新鲜感，刺激思考

摄影师的作品给到观众陌生感，才能够刺激对方思考。在生活中，我们是否给到过对方新鲜感呢？又是否给到过自己新鲜感？记得有部电影，男主人公每天回到家里就看到女主人公穿着一件紫色毛衣，看着同一个电视节目，桌子上放的永远都是炸酱面，生活没有一丝变化，让人闷得发慌。其实在家里，女主人一个发型的变化，一个指甲油颜色的变化，哪怕只是进门的地垫颜色发生了变化，生活都会有不同的新鲜感。

做自己，轻松生活

每个人都是独一无二的个体，幸福的家庭各有不同，不幸的家庭却是千篇一律。很多妈妈看到其他家庭幸福美满，就开始模仿：人家烹饪好，可自己炒个土豆丝也能煳锅；别人养花厉害，而自己养绿萝都能干涸枯萎。每每用别人的长处来对照自己的短处，久而久之，会觉得自己一事无成。明明自己的优点是擅长讲笑话，那就利用好自己的口才，给家人带来欢乐。让自己的优点放大，爱自己的优点，接纳自己的优点。

生活中，允许自己做自己，别人做别人，这是一种轻松生活的人生态度。

小练习

1. 请写出自己的20个优点。

2. 这些优点曾经帮助自己完成过哪些事情,并得到了多方肯定,请记录下来。

第二节　成长型的父母是孩子一辈子的福气

来热身啦！

当你和朋友正在视频,这时在旁边写作业的儿子凑过来问你问题,你怎么看:

A. 就是不认真写作业,有任何小事儿都能吸引他的注意力

B. 儿子真的是来问问题,我应该认真回答儿子的问题

C. 其他原因

你的选择是 _____

成长型的父母是孩子一辈子的福气

这一节,你最想了解的是什么?

1. 给孩子提建议不如和孩子一起行动
2. 错误是学习的好机会

1. 给孩子提建议不如和孩子一起行动

当代父母的思想正在进步,打骂教育已经不再盛行,那就苦口婆心提提建议吧?你觉得这样的想法是否可行?

A. 没问题

B. 没思考过

你的选择是 ＿＿＿＿＿＿＿

很多父母经常做着一些费力不讨好的事情,其中一项就是经常给孩子提建议:当我们感到天气逐渐变冷的时候,就会建议孩子穿上秋裤;当我们感觉口渴的时候,就会建议孩子喝点水;当孩子在弹钢琴的时候,我们就会建议孩子将手腕抬高一点;当孩子吃饱饭的时候,为了孩子能够长高,我们会建议他再多吃一点。孩子跟我们的关系在诸多建议中逐渐失控,直到我们说什么对方都装作听不见或者直接将房门关上,请我们闭嘴。

为什么会是这样的结果呢?好心却没得到好报的原因是什么?

首先,给孩子提建议,不如承认感受,描述事实。

在你心烦意乱的时候,你希望对方给你提建议还是陪伴?

A. 建议

B. 陪伴

你的选择是 ＿＿＿＿＿＿＿

陪伴的过程,也是理解孩子、认同孩子的过程。其中,我们可以多使用以下这些承认感受的语句:

"我猜你一定很难过。"

"那一定让你很生气吧。"

"你很想跟她做朋友。"

"我知道这样会让你很伤心。"

"我知道你很害怕。"

"你还没有准备好跟大家打招呼。"

"妈妈看到你已经很努力了。"

其次,家长认为孩子没有识别错误和解决问题的能力。

女儿在做作业,突发奇想想象着自己是老师,要教我写字。她先写了一串拼音,然后让我照着写。我看着她写得歪七扭八的拼音,开始跟"老师"学习。如果是你,看到孩子如此的字体,你的做法是:

A. 马上指出,让孩子改正

B. 忍不住笑出声来,嘲笑孩子就这样还想当老师

C. 装作没看到,认真地跟"老师"学习

你的选择是 _____

我的选择是C,尊重"老师",什么也不说,认真地"照着"老师的样板书写。写到一个特别歪的"er"时,我故意请"老师"帮我指正,"老师"立马指出我写得太不标准,然后默默地看了一下自己的"教案"说道:"老师这个拼音也写歪了,我重写一遍,你照着写啊!"

整个过程,作为"学生"的我什么也没有说,只是默默地跟着

"老师"的节奏。

人生来都是有自省能力的,只是家长们没有给到孩子认识问题的时间。我们比他们更在意那个结果,所以我们最先指出问题。

卡罗尔·德韦克认为,人与人之所以不同,源于他们的思维方式的不同。有些人相信"自己的才能是一成不变的",也就是固定型思维模式;有些人相信"人的才能是可以发展的",即任何时候都是成长的起始点,也就是成长型思维模式。

思维模式不同,最终造就的结果也不同,拥有不同的思维模式就拥有不同的人生。

固定型思维的家长可能总会这样想:

(1)这孩子就是这样的人,智商不行。

(2)我是家长,比孩子更有经验。孩子一旦提出反对意见就开始愤怒。

(3)天赋是不需要努力的,刻苦努力的人都是天资愚笨的,更何况他还不努力,更没有希望。

(4)这孩子有点小聪明,办事能钻空子,比那些脚踏实地的孩子有想法。

(5)为了避免丢脸,孩子让我参与的学校活动都不参加,嘴上还说着无意义。

(6)认为变化肯定不好。在改变现状上,总认为会有很多限制,找诸多借口。

(7)喜欢待在舒适区,认为自己只要目前的状况不发生变化就好。

(8)不愿接受反面的意见,认为对方是在针对自己,从不主动去思考。

但成长型思维的家长反而会这样想：

（1）人的能力不是天生的，可以通过努力而增强。

（2）不给自己和孩子设限，认为每个人都有无限的可能。

（3）天赋是通过努力获取的，努力也是有方法的，我和孩子都可以找到属于自己的长处。

（4）不会在小事上偷奸耍滑，说到做到，努力做一个行大于言的父母。

（5）放下面子，不害怕在孩子面前丢脸，接受自己的无知，敢于跟孩子承认错误。

（6）主动拥抱变化，将变化视作一次闯关游戏。

（7）不喜欢一成不变的生活，每天都保有好奇心。

（8）肯接受孩子的"挑战"，愿意主动学习，改变自己，影响家人。

从现在开始，尝试改变自己的思维模式，让自己的思维发散，换个角度看待孩子，你会发现不一样的他和不一样的自己。

2. 错误是学习的好机会

回想居家期间，所有的线下课程全部改成线上。舞蹈课程要求小朋友每天打卡，所以孩子会在全家人的注视下完成打卡。家长自认为跟了几次线上课堂，在孩子跳舞打卡时提各种建议，大家你一言我一语：妈妈觉得脚位不对；爸爸觉得头没抬高；奶奶觉得手臂甩开不够……最后导致孩子的状态越来越不对，愤怒地跑过来发泄情绪。此时，如果你是这个妈妈，你会怎么做？

A."你跳舞节奏不对,提醒你还生气了!"
B."好吧,妈妈不干涉了,你最棒了,你跳得很好。"
C.允许孩子发脾气,孩子感觉好时再纠正问题。
你的选择是 _____

其实,后来的情况是这样的:旁边的爸爸立马机智地说"还没有打我呢",奶奶说"刚才也没打到我呀,快过来给我补上"。孩子听到大家的声音立马笑呵呵地奔向每个人,最后全家人哈哈大笑起来。大家认为孩子是会继续生气还是认识到自己的错误呢?

孩子在全家人的包容下,立马转哭泣的脸为笑脸,给每个家人道歉,并说自己会调整跳舞节奏的,希望大家能够给到她时间。全家人一致表示很相信她能够做得更好,爸妈也保证不插嘴,等孩子跳完舞后自己看视频做调整。

错误是孩子发出的信号,她也希望自己能够跳得更好,尽快结束打卡,好做其他事情,可是全家人给她的指导,却没有任何帮助。我们的目的是培养能力,并非消除行为。当我们为了消除某种行为时,做出的反应就是吼叫或呵斥。如果我们是想培养孩子的能力,对待新事物的样子,就会是温柔的和耐心的。

父母经常遇到的误区:

为了让孩子从事物中得到学习,你会选择:
A.在他犯错误的时候,呵斥他
B.在他做对事情的时候,肯定他
你的选择是 _____

如果家长选择在孩子犯错的时候滔滔不绝,试图让孩子痛定思痛改正问题,这样做的结果往往会出现以下三种情况。

(1)孩子为了证明自己没有错,开始发脾气顶嘴。

(2)孩子知道错了,但是你说我,面子上过不去,就是不承认。

(3)错就错了,又能怎么样?我就不改了。

以上三种情况,并没有达到让孩子改正错误的目的。

心理学家唐纳德·温尼科特认为,当孩子做错事情时,要给孩子提供一个"抱持性环境",即给孩子营造一个充满爱、包容性的环境。

犯错并不可怕,可怕的是家长面对错误的态度。跟孩子一起解决问题,而不是用问题压倒孩子。

抓住一切孩子犯错的机会,和孩子修复关系,锦上添花远不如雪中送炭让大家记忆深刻。孩子在自己没能力面对事情的时候,最需要的就是家长给到无条件的爱,给到孩子解决问题的方法。当孩子感受到包容以及支持时,会激发孩子的勇气,相信自己能够解决。

给孩子加深正向记忆。提起学习,孩子总是一副避而不谈的样子,是因为在学习的过程中没有给孩子留下美好的记忆。而一个美好的记忆会让孩子更愿意继续做那件事情。在一次舞蹈打卡中,老师给了她全班唯一一个"打卡优秀2分",我们也特意拿了获得2分的视频跟孩子研究,为什么会得到2分,找到得2分的原因。孩子主动说,脚背很直,手位正确,留头、甩头标准。每当孩子提起2分的经历时,都会记得当时为什么得了2分,并且一直激励自己牢记那些动作。

只有感觉好，才能做得好，一个人得到的满足感会让她产生正向驱动力，就像一列火车，已然在正轨上匀速行驶，就不再需要火车司机用力帮助火车寻找方向了。正可谓，行驶在自己主导的道路上，空气也许都会是甜的。

小练习

1. 孩子对你的启发有哪些。

事情	你的认知	孩子的启发
关于消费的事情	想买就买，或者省着钱什么也不买	孩子告诉我先买需要的，再买想要的

2. 以下哪些话是成长型思维家长的表达方式，请在（　　）里画√。

A. 磨磨唧唧的，写个作业这么费劲。（　　）

B. 这次作业似乎有些难度，感觉你用时挺长。（　　）

C. 这幅画用了很多色彩，能跟我说说你为什么这么搭配吗？（　　）

D. 画的什么呀，乱七八糟的，画得一点不像。（　　）

E. 这首曲子感觉这个地方你弹得非常有节奏，请问你是怎么做到的？（　　）

F. 这首曲子弹了这么久了，还是有一些不熟练，我们继续练习啊。（　　）

3. 将给孩子提的建议换成承认感受和描述事实的语言。

建议	承认感受和描述事实
你该去写作业了	我看到你的作业还没有写
他不跟你玩,咱就不跟他玩儿	他不跟你玩儿,你一定很伤心

第三节　孩子变好的前提是你要爱自己

来热身啦！

根据你内心对以下成员喜爱的程度，依次进行排序。

1. 父母
2. 爱人
3. 孩子
4. 自己

你的排序是 _____

静静地思考一下，自己这么排序的原因是什么？

_____

孩子变好的前提是你要爱自己
这一节，你最想了解的是什么？

1. 妈妈要摆脱框架束缚，找到自己的"断娃时间"
2. 管理事情不如管理能量

1. 妈妈要摆脱框架束缚，找到自己的"断娃时间"

在传统观念里，生儿育女算得上是最重要的工作了，但却不能把这个写在个人简历上！但是，我们可以选择写在生命里，做一个独特的妈妈，因为"我"所以"你"，由你照见孩子。

跟朋友聊天，她说她发现：有部分中国女性不愿意看到自己"发光"。我回忆身边的女性，还真有不少这样的人，也包括曾经的自己。对于广大的女性朋友而言，你平时又是如何看待自己的呢？你是一个乖乖女，还是一个可爱系的青春派？你是一个兢兢业业的白领，还是一个崇尚自由的文艺青年？你是一个能力出众的人，还是一个非常平常的普通人？但除了这些，你是否想过自己还能变成什么样子呢？自己的生活是否还有突破的可能？

多数时候，女性朋友未必会去思考这些问题，她们被自己固有的形象压抑住了，所以会不自主地告诉自己：我能做的只有这些，我要做的大概也只有这些。正因如此，她们不会过多地思考自己还能做什么，不会去尝试自己从未尝试的东西，也不清楚自己的极限在哪里。

心理学家告诉我们：你认为自己是什么，你就是什么，你认为自己只能做那么多，那么你至多只能做那么多。"你会成为谁，你将扮演什么样的角色，你能够做出什么成绩"这些问题的答案其实在很早以前就被自己框死了。我们抱怨环境束缚了自己的能力，但更多时候是你给自己的人生设置了一个框架。其实你忘了自己还能做得更多，能够做得更好。很可惜的是，也许你从未意识到自己其实是一个有潜力的女性，你能够扮演不同的角色，你还能做自己想象不到的事情。

在心理学上有一个"隧道效应"现象。当人站在隧道里观望时，视线总是被约束在隧道之中，认为前方的世界也和隧道一样大。可是当你鼓起勇气冲出隧道时，就会发现世界比自己想象的要大得多。女性也常常会在"隧道"里看自己，不自觉地为自己设定某一个高度，或某一个范围。如果能够打破这种思维，能够冲出隧道，获得更多的人生可能。

所以女性要敢于突破自己，要敢于塑造一个不同于常规的形象，要敢于尝试不同于常规的方法，更要有打破常规的思维。有时候，也许只是一条裙子、一枚戒指、一句简单的问候、一个天马行空的提议，尽管看起来只是一次毫不起眼的改变，但谁又能预料到它不会就此改变你的生活呢？有时候打破自己原有的状态，就会打开人生的一扇大门。

只顾围着孩子转的我们，就像一辆匀速行驶的汽车，每天周而复始地行走，忘记保养自己的零部件，忘记加油，必然会出现抛锚等各种问题。

放下孩子，你独自去做的最疯狂的事情是什么？你当时的感受是什么？（请用几个词形容）

———————————————

内心有没有一种愧疚感，觉得自己是出来享受生活，而自己的孩子却似乎失去了妈妈的陪伴。清醒一下，孩子不会因为你几个小时没有陪伴而失去成长的权利。反而，也许因为你的离开，他会感到些许的轻松。

我们曾经对许多小朋友问过这样的问题：

作为小学生，你希望：

A. 妈妈常常守在我的身边

B. 适当的时候给我一点独处空间

C. 最好什么时候也不要管我

孩子们的答案很有意思，选 A 的小朋友，往往是父母不经常在身边，自己跟家里的老人生活；选 B 的小朋友，多是父母目前的管教还没有那么严厉，却已有些苗头，管教趋于紧；选 C 的小朋友，感觉父母很烦，亲子关系已紧张到了很严重的程度。再进一步追问，多数选 C 的孩子的妈妈是全职妈妈。现在很多全职妈妈也开始意识到自己带娃出现了一些问题，又不明白问题到底是什么。最大的问题就是在带孩子的过程当中，失去了自己。

2. 管理事情不如管理能量

再贵的车没油，它也不能跑。你累了，能量就跑了。

很多妈妈觉得家里的事情离开自己就不行，不愿看到地上的一丝灰尘、西装上的一条褶皱、书桌上的一些杂物，还有那顿顿需要清洗的锅碗瓢盆。哪一件事情没有做到位，自己也不能闲下来，犹如一个陀螺转个不停。直到自己的这辆"汽车"抛锚，开始看谁也不顺眼，对着谁都能咆哮，让大家都认为妈妈只懂得发脾气、崩溃，其余都无能为力。外界的声音，不断传来：妈妈就是什么都干不了，就知道发脾气。于是自己也开始怀疑，究竟我是怎么了？当年在职场，多人的团队我带了，生意我也谈了，而身边区区几个人我却弄不明白，越想弄明白，越是找不到答案。就像一辆汽车，油量所剩无几，却还要在不同的路上探索。当车没有油了，再豪华的车也不能前行。当人的状态不好,能量耗尽时,纵使你脑袋里装着万千史书,那一刻都是零。车需要加油,人需要补充能量。

给自己补充能量的方式可以是:

(1)整理自己的生活空间。

(2)听音乐,自己大声喊出来。

(3)吃东西。

(4)购物。

(5)去马路上溜达。

(6)健身。

(7)安心地睡觉。

……

补充能量也可以全家一起。

制订全家的"啊哈时刻"。

每个人都会有能量值低的时候,就像月有阴晴圆缺,人有悲欢离合。作为家庭的成员,也是朝夕相处的队友,我们要了解对方的能量值变化,当对方能量值低的时候,我们如果能察觉并理解,就可以全家人一起借用此刻,制造一个"啊哈时刻",将感情升华。

"啊哈时刻"英文叫"Aha Moment",又译作"爽点""顿悟时刻""尤里卡效应",即伟大创意的诞生。

"啊哈时刻"最早由德国心理学家卡尔·布勒在100多年前提出。定义是:一种特殊的、愉悦的体验,你会突然对之前不明朗的某个局面产生深入的认识。现在大多用在运营上,对用户而言,收获超出预期会发出"啊哈"的惊叹。

多一点思考,多一些认真对待,将一次家庭危机转为惊叹时刻，绝对会让感情升温，问题迎刃而解。

管理能量就是管理人生，消耗掉的能量要及时补充。

小练习

1. 从今天起，制订一个21天改变计划，让自己每天发生一点变化。例如：

时间	变化
第1天	画了眼妆
第2天	跟老公说"谢谢"
第3天	戴隐形眼镜
第4天	涂口红
第5天	做自己最爱吃的麻辣烫
第6天	给儿子讲一个笑话
第7天	画一幅画
第8天	换一双室内拖鞋
第9天	剪短发
第10天	阅读一本新书
第11天	买一束鲜花
第12天	染头发
第13天	扔掉多年未穿的一件衣服
第14天	给自己买一瓶香水
第15天	送老公到车站
第16天	下楼跟不认识的人聊天
第17天	跳绳10次
第18天	接假睫毛
第19天	一人外出吃一顿饭

续表

时间	变化
第 20 天	买一张彩票
第 21 天	点一根鹅梨帐中香

2. 制订全家人的"啊哈时刻"。

妈妈增加能量的方式	爸爸增加能量的方式	"啊哈时刻"
1.	1.	1.
2.	2.	2.
3.	3.	3.
4.	4.	4.
5.	5.	5.

结语

"小"屏幕里藏着"大"养育知识。屏幕时代,父母面临新的挑战,而养育问题却是从古至今父母们所关心的永恒主题,父母是孩子成长路上的同行者,如何善用智能网络为孩子助力,需要我们共同努力,试试将看屏幕的时间用来读书,人生会发生怎样变化?正如此刻的你,正在看着这本书。